本书由素有"资本界的黄埔军校"之称的申万宏源研究所撰写，通过广泛的市场调研和对制度的透彻理解，精选上百个投资者最为关心的问题，从专业的角度给予投资者最直观明了的答案，是目前全市场第一本、也是最全面的一本科创板投资宝典，其内容专业而不失趣味、简洁而不失全面，能带你快速入门，并指导你更好地投资科创板。

——国家信息中心首席经济学家 祝宝良

当前，新科技和新经济已成为驱动世界经济发展的核心引擎，全球各国对高端资源争夺如火如荼，科创板的推出，顺应时代变迁，顺应中国经济发展需要，旨在补齐资本市场科技创新的短板，是我国资本市场的一次增量改革，也是对于构筑市场化定价体系、扩大市场包容性的又一次尝试。我国科创板在发行定价、交易制度、投资者保护方面作出了哪些重大改革？和目前的主板、中小板和创业板有何区别？为何科创板值得期待？本书将为广大读者拨开重重迷雾，一窥科创板的全貌。

——微泰医疗器械（杭州）有限公司董事长 郑攀博士

科创板作为中国金融供给侧改革的重要内容，正在快速推进，广大投资者对此也是翘首以盼。但什么是科创板？它与其他投资板块有什么区别？投资科创板要注意哪些问题？则未必是每个投资者都清楚的。本书以简洁的语言，全面介绍了有关科创板的基本知识，是人们投资科创板的案头必备。书中还有当今科创企业重点投资的一些最新科技项目介绍，是投资者进行公司分析时的重要参考。

——申万宏源证券研究所首席市场专家 桂浩明

科创板投资

A GUIDE TO INVESTING IN
THE SCIENCE AND TECHNOLOGY
INNOVATION BOARD

上海申银万国证券研究所有限公司 编

上海人民出版社

序　一

当今世界，科技竞争已然是综合国力竞争的焦点，谁能抢占科技创新的制高点，谁就能在发展上掌握主动权。

"企业是创新的主体，是推动创新创造的生力军。"而科技企业的成长离不开资本市场的支撑。纵观近代世界科技发展史，科技产业的崛起历程就是一部资本市场的成长史。科技型企业普遍具有高投入、高风险、高收益等天然属性，使其既有依靠资本市场筹集资金、分散风险的要求，又能得到市场上追求高收益率、风险承担和识别能力较强类别投资者的青睐。

我国的资本市场完全可以为服务科技企业发展提供更加广阔的空间。以科技股市值在主要交易所总市值的占比为例，截至2018年年底，根据彭博数据统计，美国三大交易所科技股[①]市值占比约30%，而我国沪深两市科技股的市值占比仅为14%。

2018年11月5日，中共中央总书记、国家主席、中央军委主席习近平在中国国际进口博览会开幕式上宣布："将在上海证券交易所设立科创板并试点注册制。"这是自改革开放以来资本市场改革顺应科技兴国要求的重大战略举措。设立服务科技企业并试点注册制的科创板，对于改变我国以间接融资为主的融资结

---

① 以科创板聚焦服务的六大领域为划分标准。

构，完善多层次资本市场建设，通过直接融资方式提高资源向科技企业的配置效率，进而培育出众多具有国际竞争力的科技企业，具有重大而深远的历史意义。

近年来，资本市场在国家经济金融发展中的地位不断提升。2017年7月全国金融工作会议强调"要把发展直接融资放在重要位置"。党的十九大报告指出："提高直接融资比重，促进多层次资本市场健康发展。"2019年2月，习近平总书记在中共中央政治局第十三次集体学习会议上指出："深化金融供给侧结构性改革……增强金融服务实体经济能力。"科创板试点注册制将给资本市场供给侧改革带来崭新局面。一方面，科创板是一个全新的服务科技创新型企业的板块；另一方面，科创板实施的是注册制。早在2013年党的十八届三中全会中就明确提出要"推进股票发行注册制改革"，时隔六年，注册制改革终于找到了一个战略突破口。

作为一个新设板块，科创板试点注册制的配套制度系统而庞大，本书在对截至2019年5月初已出台的科创板20余份配套文件进行全面深度研究的基础上，站在社会公众的角度，以问题为导向，用通俗简明的语言对科创板制度作了全方位解读，这将在推动整个社会加深对科创板的认知和理解上起到积极的引导作用。希望申万宏源集团在科创板试点的推进过程以及我国资本市场注册制改革的进程中作出更多贡献，发挥应有的行业引领作用。

李剑阁

序　二

作为中国最早一批的证券公司之一，申万宏源见证了资本市场 30 多年来的风起云涌和沧桑变换。申万宏源走过的每一个阶段，都深深契合中国时代发展的步伐。如今，我们有幸再度见证中国资本市场改革征途中具有里程碑意义的一件大事——设立科创板并试点注册制！这一改革举措对于优化我国融资格局、发挥多层次资本市场服务实体经济的作用，具有重大战略意义，必将在我国资本市场改革史书上写下浓墨重彩的一笔！

科创板是资本市场改革的"试验田"，试点注册制也是一次以增量改革促进存量改革的重大改革突破，其配套制度在审核、发行、配售、交易等多个环节作了突破性设计，比如审核权由中国证监会转移至上交所，采用全流程公开的电子化审核，制定以市值为核心的多套上市标准，提高首发定价市场化程度，放开上市前 5 个交易日涨跌幅限制，推出在上市初期具有价格稳定作用的"绿鞋"机制等，投融资逻辑以及监管逻辑都与目前 A 股差别迥异。所以，无论是中国资本市场的参与者还是观察者，都非常有必要对科创板作全面、有深度的了解。

2019 年 4 月 26 日，申万宏源在港交所挂牌交易，成为国内第 12 家 A+H 股上市的券商。值此之际，在科创板正式开板之前，申万宏源重磅推出《科创板投资一本通》，体现了我们对投

资人的负责，也体现了我们作为中国证券业领军者的担当！作为证券行业领先的企业之一，我们有责任为科创板以及试点注册制的成功不断努力！

本书由申万宏源旗下被誉为"最具影响力"的证券研究所（即上海申银万国证券研究所有限公司）核心团队作为主要执笔人。申万宏源证券研究所是中国大陆成立最早、规模最大、具有独立法人资格的综合性证券研究咨询机构之一，为我国证券研究行业贡献了大批优秀人才。立足本土、面向国际的研究视野，体系化、价值化的研究导向，使得申万宏源证券研究所成为业内的领军者。

本书的编写者来自申万宏源证券研究所的理财研究、策略研究以及各行业研究团队。他们由浅入深，主要以问答的形式，对科创板的投资规则、投资策略、估值方法和风险分析以及已受理的科创板企业的投资要点，进行逐一梳理，还对前沿科技概念作科普解释。我相信，无论是经验丰富的机构投资者，还是需要了解基础知识的个人投资者，抑或是工商企业、研究学者，都能从本书中受益。

申万宏源集团股份有限公司
申万宏源证券有限公司
董事长　储晓明

前　言

中共中央总书记、国家主席、中央军委主席习近平于2018年11月5日在首届中国国际进口博览会开幕式上提出在上交所设立科创板，这必将成为中国资本市场里程碑式的大战略、大举措、大事件。

这是我国资本市场的增量改革，旨在补齐资本市场服务科技创新的短板。科创板突破多重制度瓶颈，是我国首个试点注册制的场内交易股票市场，主要服务于符合国家战略、突破关键核心技术、市场认可度高的科技创新企业。在上交所设立科创板是落实创新驱动和科技强国战略、推动高质量发展、支持上海国际金融中心和科技创新中心建设的重大改革举措，是完善资本市场基础制度、激发市场活力和保护投资者合法权益的重要安排。

在我国，科技已深深地植根于人们的生活之中，衣食住行无不因科技引领而质量飞跃性提升：电器产品升级换代的频率加快，VR全景逐渐渗透到旅游、房产、餐饮等各行各业，人工智能替代体力劳动进而替代脑力劳动……这种种科技成就举世瞩目。

需正视的是，虽然我国已是当今世界的制造强国，但我国高新技术的自主研发能力还有很大提升空间，企业高效发展还存在着不少瓶颈，需要拥有更多的具有自主知识产权的世界前沿技术。

科创板在国际上独树一帜，直击企业核心竞争力，它不仅仅是前沿技术、高新技术的展示板，也更具包容性，如上市前存在

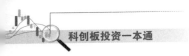

股权激励、同股不同权、产业模式先进但尚未形成利润等的特殊情况企业，只要符合科创板的定位和上市标准，都将有机会在国内科创板上市。这意味着未来会有更多具有科技领先优势的企业通过科创板市场的支持发展成为独角兽。

为了让广大投资者，特别是中小投资者更好地了解科创板、熟悉科创板，我们根据已经陆续出台的有关科创板各项文件，组织编写了《科创板投资一本通》，通过通俗易懂的语言，以一问一答的形式展现出来，所涉及的问题力求具有代表性、普遍性，以便于投资者能在较短的时间内快速对科创板有比较全面的认识，在未来投资过程中能够有所参考，并伴随科创板的成长分享科创企业的成长红利。

《科创板投资一本通》分为"走近科创板"、"投资科创板"和"附录"三部分，第一部分主要偏重前端发审上市方面的独特之处；第二部分侧重实战，涉及开户、申购的规则以及二级交易机制等，还收录了申万宏源研究对科创板企业估值的特色探索研究；第三部分介绍了目前已受理企业中所涉及的部分最新前沿和高新技术，以及部分企业的精华点评。这些企业是我们对最先获得受理的一百家企业的经营特色进行梳理后精选出来的。囿于篇幅，对于其余80家及更多后续受理企业的情况，读者可以通过扫描书中的二维码来注册获取阅读。

预祝科创板成功推出，健康发展！

申万宏源证券研究所所长　郑治国

二〇一九年四月三十日

目录 | Contents

1.

科创板投资一本通

走进科创板

1.1 定位及战略意义

1.1.1 如何认识科创板?

 目前我国经济正处于高速增长向高质量增长的转型阶段,高新技术企业、新业态、新产业模式正在改变着我国经济运行方式、改变着人们日常的生活方式,比如LED照明广泛取代传统照明,微信接替短信、电话成为主要的交流方式,高铁、城市轨交、磁悬浮等多样化的交通便利了人们的出行,支付宝、微信等移动支付打破了传统的现金支付方式等。同时,在当前的国际贸易竞争中,前沿技术、知识产权保护、行业标准制定等成为争夺的焦点,因此,要提高我国企业的国际竞争力、优化我国的经济结构,必须依靠高科技的引领,需要资本市场的支持。

然而,一直以来,受制于我国现行的A股其他板块发行体制的规定,以百度、阿里巴巴、腾讯、京东为代表的众多新经济企业纷纷投入纽交所、纳斯达克、港交所等市场的怀抱,这些企业为何陆续舍近求远赴海外上

市？原因在于它们中有的设置了同股不同权架构，有的注册地在海外，有的发行前已进行过股权激励，有的新产业新模式还未形成盈利等，而这些设置或状态均不符合 A 股的上市标准。这一现象折射出我国 A 股发行制度在服务科技创新类企业方面存在着一些短板。

如今，我们正看到这一障碍在逐渐破除。中共中央总书记、国家主席、中央军委主席习近平于 2018 年 11 月 5 日在首届中国国际进口博览会开幕式上交给上海的三项新的重大任务之一就是"在上海证券交易所设立科创板并试点注册制"。这是党中央根据当前世界经济金融形势，立足全国改革开放大局作出的重大战略部署，能够更好地落实创新驱动和科技强国战略、能够更好地推动我国经济高质量的发展。

在上海证券交易所（以下简称上交所）设立科创板并试点注册制是上海新一轮改革的突破口，将有助于推动上海国际金融中心和科技创新中心建设的联动发展，加快提升城市能级和核心竞争力，对上海继续当好创新发展先行者起到关键作用。同时，这一任务将与其他两大任务——"增设上海自由贸易试验区新片区"和"实施长三角一体化发展国家战略"一起成为上海新时期发展的突破口。这三大任务是国家在改革开放发展上的总体考虑，并将实现溢出效应和带动效应。

科创板是上交所新设的板块，独立于主板、中小板、创业板和新三板，是我国首个试点注册制的场内交易股票市场。能在科创板上市的企业，应该是符合国家战略、能够突破关键核心技术、市场认可度高的科技创新企业，并且符合相关要求的尚未盈利企业、特殊股权结构企业和红筹企业也可以在科创板上市。设立科创板是我国资本市场的增量改革，目的就是要补齐资本市场服务科技创新的短板，是资本市场的重大制度创新，是完善我国多层次资本市场体系、激发市场活力和保护投资者合法权益的重要安排。

此外，作为金融供给侧结构性改革的重大举措，设立科创板对防范金融风险也具有重要意义，可以引导资金直接流向实体经济，提升股权融资比重，减少银行贷款等债务融资，起到降杠杆、切实防范化解金融风险的作用，并助力实体经济持续稳健发展，因此，科创板将成为服务全国科创企业的重要投融资平台。

1.1.2　为何投资科创板？

投资科创板，一方面是因为科创板具有鲜明的"科技创新"特色，将会有更多的拥有领先核心技术、新盈利模式的企业上市，其中也将可能诞生未来的"独角兽"企业；另一方面，原来有些属于新技术、新产业、新业态、新模式的企业，因为同股不同权的设置、VIE 架构的设计、发行前存在股权激励等情况而未能在国内上市，而科创板在这些方面将会有条件地包容，投资者将有更多机会分享这些企业的盈利增长。当然，有

5

些科创板企业在上市时还可能处于亏损状态，其上市后
是否能实现盈利、经营成果是否能转化为持续经营能力
都存在着不确定性，投资者也应充分知晓其中的投资
风险。

1.1.3 定位上，科创板与主板、中小板、创业板有什么区别？与新三板又有什么区别？

科创板的定位可以说是"高、大、上"的，体现在三个面向，即面向世界科技前沿、面向经济主战场、面向国家重大需求；同时，科创板企业的经营又必须符合国家战略，能够突破关键核心技术，商业模式上不仅要比较稳定，而且要有比较强的成长性，企业在市场上要有一定的知名度，信誉形象要良好。

科创板的这种定位与目前A股的主板、中小板和创业板形成错位互补：主板对发行人的营业期限、股本大小、盈利水平、最低市值等方面的要求标准较高，上市企业多为大型成熟企业，具有较大的资本规模以及稳定的盈利能力。中小企业板重点面向主板市场拟发行上市企业中流通股本规模相对较小的、具有较好成长性和较高科技含量的中小企业。创业板主要是面向成长型创业企业的新市场，上市标准相对较低。新三板则属于场外交易市场，是中小微企业的主阵地。可见，科创板的定位非常独特，它直击企业的核心竞争力，并突出科技性和创新性，更能体现我国当前经济改革的战略发展方向。

1.1.4 科创板重点支持哪些类型的企业上市？为什么？

科创板重点支持的企业都必须是符合国家战略发展方向的科技创新类企业。具体来看，科创板将优先考虑三类企业上市：一是符合国家战略、突破关键核心技术、市场认可度高的科技创新企业；二是属于新一代信息技术、高端装备、新材料、新能源、节能环保以及生物医药等高新技术产业和战略性新兴产业的科技创新企业；三是互联网、大数据、云计算、人工智能和制造业深度融合的科技创新企业。

在当前我国经济结构转型升级背景下，创新驱动和科技强国已成为国家重要发展战略。科技创新企业大多属于轻资产企业，存在可抵押物较少、成长期无稳定现金流、部分企业尚未实现盈利而不能满足主板中小创上市标准等众多问题，导致其进一步发展面临较大不确定性，而其中的非初创期的科创企业大多正处于爬坡迈坎关键期，尤其需要资本市场的支持，因此设立科创板将能提供科技创新类企业在资本市场进行股权融资的渠道，从而降低融资成本和难度，留住境内优质企业，并有望通过资本市场孵化培育新一批的"独角兽"企业。

1.1.5 科创板重点支持的六大领域都包括哪些行业？

科创板重点支持的六大领域分别包含了较多的行业。具体如下：

新一代信息技术领域，主要包括半导体和集成电路、电子信息、下一代信息网络、人工智能、大数据、云计算、新兴软件、互联网、物联网和智能硬件等。

高端装备领域，主要包括智能制造、航空航天、先进轨道交通、海洋工程装备及相关技术服务等。

新材料领域，主要包括先进钢铁材料、先进有色金属材料、先进石化化工新材料、先进无机非金属材料、高性能复合材料、前沿新材料及相关技术服务等。

新能源领域，主要包括先进核电、大型风电、高效光电光热、高效储能及相关技术服务等。

节能环保领域，主要包括高效节能产品及设备、先进环保技术装备、先进环保产品、资源循环利用、新能源汽车整车、新能源汽车关键零部件、动力电池及相关技术服务等。

生物医药领域，主要包括生物制品、高端化学药、高端医疗设备与器械及相关技术服务等。

1.1.6 初创期的种子企业是否可以在科创板上市？

科技创新一般都具有更新快、培育慢、风险高的特点，尤其需要风险资本和资本市场的支持，但是，初创期的种子企业并不能在科创板上市，科创板面向的是发展到成熟阶段的企业，因此，相比初创期的企业，在科创板上市的企业所面临的风险显然要小得多。我们认为，未来科创板应该是我国前沿技术、高科技的展示板，并且将可能会成为推动科技创新企业发展的促进板。

1.1.7 **不在重点支持的六大领域范围内的企业能在科创板上市吗?**

　　如果企业不在科创板重点支持的六大领域中，但符合科创板的定位，比如传统制造业中的某些企业符合"拥有符合国家战略、国际领先技术"等特征，那么，这样的企业同样可能获得科创板的支持，也是可以在科创板上市的。相反地，即便企业属于上述六大领域，但是其所拥有的核心技术并非自主的，在所属行业中的地位也并不突出，或者不具备将经营成果转化为持续经营条件等情况，那么，科创板也可能将其拒之门外。

1.2 审核与发行

1.2.1 什么是核准制？什么是注册制？科创板为何采用注册制？

 注册制和核准制都是目前全球证券市场上通常采用的发行制度。

注册制是在市场化程度较高的成熟股票市场所普遍采用的一种发行制度。注册制下，证券监管机构负责对申报文件的真实性、准确性、完整性等进行合规性的形式审核，而证券交易所则负责对注册文件的齐备性、一致性、可理解性等进行审核，其本质是以信息披露为中心，由市场参与各方对发行人的资产质量、投资价值作出判断，发挥市场在资源配置中的决定性作用。美国、日本等国家均采用注册制。

核准制是拟发行公司申请上市时须经过核准的证券发行制度，证券监管机构对拟发行公司的合规性、适当性等条件进行实质性审查。核准制下，证券监管机构不仅要对发行人的申报文件进行审查，还要对发行人的经

营要求、发行股份、公司管理、资本运营等条件进行实
质性的审查。英国、德国等国家均采用核准制。目前,
我国主板、中小板和创业板也是采用核准制。

科创板为何要试点注册制呢? 我国早在 2013 年 11 月
党的十八届三中全会审议通过的《中共中央关于全面深化
改革若干重大问题的决定》中明确提出,推进股票发行注
册制改革,这是注册制改革第一次写进党的文件。之后,
2015 年 12 月全国人大常委会对实施股票发行注册制进行
授权。因此,在科创板试点注册制是有充分的政策依据的。
更重要的是,推进股票发行注册制改革是一种历史趋势,
是资本市场市场化程度提高的必然结果。并且,科创板作
为注册制的试验田,未来将形成可复制可推广的经验。

1.2.2 在科创板试点注册制有什么特点? 与目前 A 股其他板块实行的股票发行上市的核准制,主要有哪些方面的差异?

答 科创板试点的注册制在审核主体、审核内容、上市
条件、发行定价、监管与违规处罚等方面与目前 A 股其
他板块有所不同,也体现了我国注册制的特点,具体的
差异体现在多方面。

审核主体方面,科创板试点注册制的主要审核工作
放在上交所,由交易所对发行人的发行上市申请文件进
行审核,形成审核意见,审核通过的报送中国证监会履
行注册程序,实际上是政府授权下移至交易所。而 A 股

11

其他板块则由中国证监会负责审核。

审核内容方面，注册制下，证券监管机构仅对信息披露文件实施形式审核，对文件内容的真实性不承担责任，对发行价格等涉及发行人投资价值的事项不作实质判断，由投资者自主判断投资价值，自担投资风险。核准制下，强调实质管理原则，证券监管机构不仅对申报文件的全面性、准确性、真实性和及时性作审查，还对发行人的营业性质、财力、素质、发展前景、发行数量和发行价格等条件进行实质性审查，监管机构有权否决不符合条件的股票发行申请。

上市条件方面，科创板在硬条件上有所放松，上市条件、审核标准等更优化，设置了多元包容的上市条件，比如，科创板并试点注册制允许没有盈利的企业在科创板上市，也允许符合相关要求的特殊股权结构企业和红筹企业在科创板上市。核准制下要求企业要连续几年盈利。

发行定价方面，科创板的新股发行价格、融资规模、发行节奏都要通过市场化方式决定，这和现在的核准制有重大的区别。科创板的新股发行定价将更多地发挥机构投资者的投研定价能力，建立以机构投资者为参与主体的询价、定价、配售机制。

监管与违规处罚方面，科创板将采取更加丰富的手段提高持续监管能力，对信息披露造假、欺诈发行等行为将出重拳，并加强司法与执法的衔接，探索并完善与注册制相适应的证券民事诉讼法律制度。

1.2.3 科创板试点的注册制需要审核吗?

 　　科创板试点的注册制同样是需要审核的。审核工作主要由上交所负责,上交所设立了独立的审核部门和上市委员会,前者负责审核发行人公开发行并上市的申请,主要通过向发行人提出审核问询、发行人回答问题的方式开展审核工作;后者负责对审核部门出具的审核报告和发行人的申请文件提出审议意见。同时,还设立了科技创新咨询委员会,负责为科创板建设和发行上市审核提供专业咨询和政策建议。

　　上交所对发行人的发行上市申请文件审核通过的,将审核意见、发行上市申请文件及相关审核资料报送中国证监会履行注册程序;审核不通过的,作出终止发行上市审核的决定。

　　简单来说,审核的职责由过去的中国证监会向前端移送到交易所,上交所将承担起发行上市审核责任。

1.2.4 上交所主要审核什么内容? 有什么特点?

 　　上交所审核的内容包括发行人和保荐机构提交的招股说明书申报稿、发行保荐书、上市保荐书等全部文件。上交所的审核具体通过问询的方式展开,就上交所首轮问询情况来看,**可以总结为"全面问询、突出重点、合理怀疑"三个特点:**

　　一是全面问询。首轮问询问题覆盖招股说明书申报

稿的全部内容，包括财务、法律、行业等不同层面，同时关注信息披露充分、一致、可理解等不同要求。凡是与投资者投资决策相关的，包括业务、技术、财务、治理以及披露语言的简明性等都是审核重点，以切实提高信息披露的充分性。

二是突出重点。首轮问询一方面注重全面性，另一方面突出重点。在问询范围全覆盖的基础上，重点聚焦于发行人是否符合发行条件、上市条件，是否充分披露对投资者进行投资决策相关的重要信息，是否对符合科创板定位作出合理评估和判断。由此，所问询的问题，比较多地集中于与发行上市条件、发行人核心技术、发行人业务及经营模式、发行人独立持续经营能力等相关的重大事项上。

三是合理怀疑。审核问询高度关注发行人信息披露的真实性、准确性、完整性，并着重从信息披露是否充分、是否一致等角度入手，保持合理怀疑。其中，对财务数据是否勾稽合理、财务信息与非财务信息能否相互印证、发行人与同行业可比公司之间差异是否正常等问题高度重视，对存在不一致之处予以重点问询。

1.2.5 **在对科创板发行人的信息披露审核过程中，上交所会重点关注哪些方面？**

答　　上交所在信息披露审核中，重点关注发行上市申请文件信息披露的以下几个方面内容：是不是真实、准确、完整；是不是一致、合理和具有内在逻辑性；是不是包含对投资者作出投资决策有重大影响的信息；披露程度是不是达到投资者作出投资决策所必需的水平；是不是简明易懂，便于一般投资者阅读和理解；是不是符合招股说明书申报稿内容与格式准则的要求等。

1.2.6 **科创板试点注册制的主要审核流程是怎样的？审核周期一般有多长？**

科创板试点注册制的主要审核流程为：

第一步：发行人按照中国证监会有关规定制作注册申请文件，由保荐人保荐并向上交所申报。

第二步：上交所收到注册申请文件后，5个工作日内作出是否受理的决定。

第三步：上交所主要通过问询方式开展审核工作，围绕科创板定位进行判断，按照规定的条件和程序作出同意或者不同意发行的审核意见。

第四步：上交所同意发行的，则将相关文件报送中国证监会履行发行注册程序；不同意发行的，作出终止发行上市审核决定。

第五步：中国证监会收到相关申请文件后，主要关注审核内容有无遗漏，审核程序是否符合规定，以及发行条件和信息披露要求的重大方面是否符合相关规定，如果认为存在需要进一步说明或者落实事项的，可以要求上交所进一步问询。

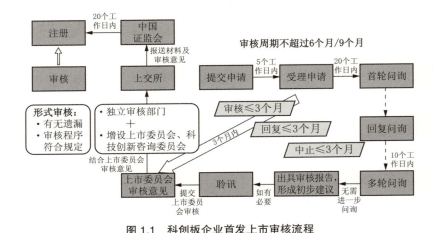

图 1.1 科创板企业首发上市审核流程

资料来源：上交所、申万宏源研究。

　　审核时限原则上不超过 6 个月，其中上交所审核时间不超过 3 个月，发行人及中介机构回复问询的时间总计不超过 3 个月。另外，发行上市申请文件中记载的财务资料已过有效期，需要补充提交，或者发行人及保荐人主动要求中止审核的，发行人应当在中止审核后 3 个月内补充提交有效文件或者消除主动要求中止审核的相关情形。中国证监会方面，则是在 20 个工作日内对发行人的注册申请作出同意注册或者不予注册的决定。

1.2.7 科创板发行上市流程是否会出现暂停或暂缓情形？

 　　科创板发行上市流程中有可能出现暂停或暂缓情形。在中国证监会作出注册决定后至股票上市交易前，如果

16

发生重大事项，可能导致发行人不符合发行条件、上市条件或者信息披露要求的，发行人应当暂停发行；如果发行人已经发行的，发行人应当暂缓上市；如果相关重大事项导致发行人不符合发行条件的，可以撤销注册。

中国证监会撤销注册后，股票尚未发行的，发行人应当停止发行；股票已经发行尚未上市的，发行人应当按照发行价并加算银行同期存款利息返还给股票持有人。

1.2.8 上交所对发行人发行上市审核中出具的审核意见，投资者应如何看待？

答　　由于科创板实行注册制，证券监管机构不对发行人的投资价值作实质判断。因此，上交所出具同意在科创板发行上市的审核意见，不表明上交所对发行上市申请文件及所披露信息的真实性、准确性、完整性作出保证，也不表明上交所对该股票的投资价值或者投资者的收益作出实质性判断或者保证。因此，投资者对科创板股票未来是否具有持续的盈利能力，是否值得投资应该独立、理性、审慎地进行决策。

1.2.9 科创板发行人在取得中国证监会同意注册的决定后，是如何披露相关信息的？

答　　目前监管机构还没有就这一问题出台相关规定。就目前 A 股其他板块来看，发行人在取得中国证监会同意

注册决定后，启动股票公开发行前，一般按照图 1.2 的流程披露相关信息。

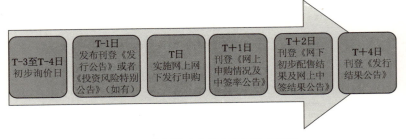

图 1.2　科创板企业首次公开发行流程

资料来源：上市公司初步询价公告、申万宏源研究。

1.3 上市条件

1.3.1 **科创板有几套上市标准？**

　　由于科创板企业有其自身的成长路径和发展规律，需要构建更加科学合理的上市指标体系，来满足不同模式类型、不同发展阶段、不同财务特征，但已经拥有相关核心技术、市场认可度高的科创企业上市需求。因此，科创板上市规则大幅提升了上市条件的包容度和适应性，针对不同性质的企业，科创板设置了不同的上市标准。针对境内同股同权的企业，设置了五套上市标准；针对境内同股不同权企业设置了两套上市标准；针对红筹企业设置了两套上市标准。总结起来，就是"5+2+2"套标准。

1.3.2 **针对境内同股同权企业，科创板企业具体上市标准是什么？**

　　针对境内同股同权的企业，上交所以市值为核心，结合发行后股本总额、股权分布、财务指标等方面，一共制定了五套上市标准，上市公司应该至少符合其中一

套，五套上市标准分别为：

第一套事实上可以具体细分为"市值＋净利润"或"市值＋营收＋净利润"两种组合。具体为：预计市值≥10亿元，最近两年净利润均为正且累计净利润不低于5000万元，或者预计市值≥10亿元，最近一年净利润为正且营业收入不低于1亿元。

第二套为"市值＋营收＋研发投入"组合。具体为：预计市值≥15亿元，最近一年营业收入不低于2亿元且最近三年累计研发投入占最近三年累计营业收入比例不低于15%。

第三套为"市值＋营收＋现金流"组合。具体为：预计市值≥20亿元，最近一年营业收入不低于3亿元，且最近三年经营活动产生的现金流量净额累计不低于1亿元。

第四套为"市值＋营收"组合。具体为：预计市值≥30亿元，且最近一年营业收入不低于3亿元。

第五套为"市值＋其他"组合。具体为：预计市值≥40亿元，主要业务或产品需经国家有关部门批准，市场空间大，目前已取得阶段性成果。医药行业企业需要至少一项核心产品获准开展二期临床试验，其他符合科创板定位的企业需具备明显的技术优势并满足相应条件。

总体而言，科创板对盈利要求有所放松，允许亏损和存在不同股权架构的企业上市，同时企业上市选择的市值标准越高，相应的营收规模要求也更高。

境内同股同权企业在科创板上市的五套上市标准

上市标准	市值（亿元）	净利润	近一年营业收入（亿元）	近三年合计研发投入占营业收入比值	近三年经营活动现金流量净额（亿元）	其　他
第一套	≥ 10	近两年合计≥ 5000万元	—	—	—	—
		近一年为正	≥ 1	—	—	—
第二套	≥ 15	—	≥ 2	≥ 15%	—	—
第三套	≥ 20	—	≥ 3	—	≥ 1	—
第四套	≥ 30	—	≥ 3	—	—	—
第五套	≥ 40	—	—	—	—	产品空间大，医药行业需至少一项核心产品获准开展二期临床试验

　　注：上述所称净利润以扣除非经常性损益前后的孰低者为准，所称净利润、营业收入、经营活动产生的现金流量净额均指经审计的数值。

　　资料来源：上交所、申万宏源研究。

1.3.3 为什么科创板允许企业发行特别表决权股份？同股不同权企业在科创板上市有什么门槛限制？

　　同股不同权，也就是股份表决权存在差异化安排，是指公司股权结构中设置了两类或多类不同投票权的股份，在表决权方面，特别表决权股份高于普通股份，但

在分红、派息等其他股东权利上与普通股份相同。

由于科创企业有其自身的成长路径和发展规律，在公司治理上，可能会对表决权进行差异化安排。因此，在非财务条件方面，科创板允许存在表决权差异结构的企业上市，并加以必要的规范约束。同股不同权企业在科创板上市，除了要满足《上海证券交易所科创板股票上市规则》中对表决权安排的规定，还应当至少符合下列两套上市标准中的一套：一套为预计市值不低于100亿元；另一套为预计市值不低于50亿元，且最近一年营业收入不低于5亿元。发行人的招股说明书和保荐人的上市保荐书中会明确说明所选择的具体上市标准。

1.3.4 红筹企业在科创板上市有什么门槛限制？应该发行股票还是存托凭证上市？

红筹企业可以在科创板上市。什么是红筹企业呢？红筹企业是指在境外注册，但主要经营活动在境内的企业。比如，科创板首家受理的红筹企业——九号机器人有限公司（以下简称九号智能），它的注册地在开曼群岛，而主要生产经营地却在北京市中关村东升科技园。

按照是否已在境外上市，红筹企业适用的科创板上市标准和上市方式有所差别。除了需满足科创板企业的定位等要求外，已经在境外上市的红筹企业可以采用发行存托凭证（CDR）的方式在科创板上市，具体发行上市的标准与采用 CDR 形式在 A 股其他板块发行上市的标准一致，即要求总市值不能低于 2000 亿元等。对于还没有在境外上市的红筹企业，可以采用发行股票或发行 CDR 的方式登陆科创板，但上市市值要求有所降低，可以从以下两套标准中选择：一套是预计市值不能低于 100 亿元；另一套是预计市值不能低于 50 亿元，同时，要求最近一年营业收入不能低于 5 亿元。另外，还要求企业的营业收入近几年处于快速增长的状态，拥有自主研发、国际领先的核心技术，并在同行业竞争中处于相对优势地位。

1.3.5 **对于境内同股同权企业，在科创板上市的净利润、营业收入等指标与主板、中小板、创业板的区别？**

　　科创板以市值为核心的五套上市标准中，仅第一套对盈利和营业收入均作出硬性要求，第二套到第四套仅仅对营业收入门槛作了硬性规定。如果单纯从净利润或者营业收入这两项指标来看，目前科创板的上市指标并不低于主板、中小板。

　　从净利润指标对比看：科创板第一套第一款上市标准对净利润要求是最近两年为正且累计不低于 5000 万元，主板、中小板要求为最近 3 个会计年度均为正且累计超过 3000 万元，创业板要求为最近两年连续盈利且累计不少于 1000 万元。为了保证可比性，我们将净利润标准分摊到每一年，则科创板为 2500 万元，明显高于主板中小板的 1000 万元和创业板的 500 万元。因此，如果发

行人选择第一套第一款作为其科创板上市标准，则需满足的净利润标准相对 A 股其他板块事实上更高。

从营业收入指标对比看：科创板第一套至第四套上市标准要求发行人最近一年营业收入不低于 1 亿元至 3 亿元；而主板、中小板则要求为最近 3 个会计年度营业收入累计超过 3 亿元，创业板要求为最近 1 年营业收入不少于 5000 万元。由此可见，科创板对企业上市的营收标准也并不低于 A 股其他板块。

通过以上对比可以看出，虽然科创板五套上市标准更具有包容性，但科创板上市标准中如果有对净利润或营业收入作出硬性规定的，那么其对应的门槛并不低于目前 A 股其他板块的要求。不过需要提醒的是，科创板上市标准中净利润和营业收入指标可以只选择其一，而 A 股其他板块则要求同时满足。

1.3.6 亏损企业可以在科创板上市吗？为什么？

可以。相比目前主板、中小板和创业板，科创板在盈利要求方面作出重大突破，科创板同股同权的第二套至第五套上市标准、同股不同权企业的两套上市标准及红筹企业的两套上市标准都没有对净利润进行规定，这就意味着亏损企业只要满足对应的标准也可以在科创板上市。

科创企业有其自身的成长路径和发展规律。财务表现上，很多企业在前期技术攻关和产品研发期，投入和收益在时间上呈现出不匹配的特点，有的企业存在暂时性亏损，有的企业在研发阶段还没有产生收入。而这些企业又急需融资，尤其需要与企业风险相匹配的长期资金支持，因此科创板支持亏损企业上市，能有效缓解科创企业发展面临的这一难题，充分体现了制度的包容性。

1.4 同股不同权企业上市

1.4.1 同股不同权企业的信息披露比较特别，投资者应该关注哪些方面？

 科创板企业存在特别表决权股份或类似安排的，投资者需要关注相关安排的基本情况，包括设置特别表决权安排的股东大会决议、特别表决权安排运行期限、持有人资格、特别表决权股份拥有的表决权数量与普通股份拥有表决权数量的比例、持有人所持特别表决权股份能够参与表决的股东大会事项范围、特别表决权股份锁定安排及转让限制等，还包括差异化表决安排可能导致的相关风险和对公司治理的影响，以及相关投资者保护措施。

1.4.2 普通投资者可以拥有科创板公司特别表决权股份吗？

 科创板公司持有特别表决权股份的股东应当为对上市公司发展或者业务增长等作出重大贡献，并且在公司上市前及上市后持续担任公司董事的人员，或者该等人员实际控制的持股主体。并且，持有特别表决权股份的股东向他人转让所持有的特别表决权股份，或者将特别表决权股份的表决权委托他人行使时，也必须按照 1：1 的比例转换为普通股份。因此，普通投资者是不可能拥有科创板公司的特别表决权股份的。

1.4.3 **在表决权比例上，特别表决权股份与普通股份的差异有多少？是否可以调整？**

答 每份特别表决权股份的表决权数量不得超过每份普通股份的表决权数量的 10 倍，上市公司章程会就相关事项作明确规定。例如，科创板受理的首家同股不同权企业优刻得每份 A 类股份拥有的表决权数量为每份 B 类股份拥有的表决权的 5 倍，每份 A 类股份的表决权数量相同。

公司上市后，特别表决权比例是可以调整的，但不得提高。上市公司股票在交易所上市后，除同比例配股、转增股本情形外，不得在境内外发行特别表决权股份，不得提高特别表决权比例。如果上市公司因股份回购等原因存在可能导致特别表决权比例提高的情形，则应当采取将相应数量特别表决权股份转换为普通股份等措施，以保证特别表决权比例不高于原有水平。

1.4.4 **同股同权的企业科创板上市之后可以有差异化表决权的安排吗？**

答 不可以。根据规定，发行人在首次公开发行并上市前没有安排表决权差异的，在首次公开发行并上市后就

不能以任何方式设置这一类安排。

1.4.5　是不是在所有的事项表决上，都有特别表决权与普通表决权的区别呢？

　不是的。上市公司股东对特定事项行使表决权时，每一特别表决权股份享有的表决权数量与每一普通股份的表决权数量相同，特定事项包括：修改公司章程、改变特别表决权股份享有的表决权数量、聘请或者解聘独立董事或会计师事务所，以及公司合并、分立、解散或者变更公司形式等。

1.4.6　特别表决权股份与普通股份的转换情形有哪些？

　特别表决权股份在特定情形下，必须按照1∶1的比例转换为普通股份，这些特定情形主要有：

情形一：持有特别表决权股份的股东不再符合本持有人资格和最低持股要求，或者丧失相应履职能力、离任、死亡。特别表决权股份在相关情形发生时即转换为普通股份。

情形二：实际持有特别表决权股份的股东失去对相关持股主体的实际控制。

情形三：持有特别表决权股份的股东向他人转让所持有的特别表决权股份，或者将特别表决权股份的表决权委托他人行使。

情形四：公司的控制权发生变更，此时，上市公司已发行的全部特别表决权股份均应当转换为普通股份。

1.4.7 **科创板特别表决权股份可以交易吗？可以转让吗？**

答 特别表决权股份不可以在二级市场上进行交易，但可以按照上交所的有关规定进行转让，目前上交所还没有公布具体的转让机制等相关安排。

1.4.8 **对中小投资者而言，同股同权和同股不同权企业有什么区别？**

答 对中小投资者而言，从收益权的角度来说，无论是投资同股同权，还是同股不同权的企业，并没有什么区别。但从股份对应表决权的角度来看，则需要加以关注。同股不同权可能导致控制权与所有权的分离，在持股数量相同的情况下，持有更多特别表决权的股东就相对更容易拥有公司的控制权。但在同股同权企业中，只有拥有较多或占优势的股份才能取得公司的控制权。不过对于持股比例较低的中小投资者而言，虽然上述机制对其所持表决权影响并不大，但仍需要关注持有特别表决权的股东所持股份情况的变化，观察该变化是否会影响到控制权的转移，进而影响公司经营的稳定性。

1.5 红筹企业上市

VIE 架构具体指什么？红筹企业存在 VIE 架构的可以在科创板上市吗？

  VIE 架构也称作可变利益实体，是中国境内公司到海外上市经常会搭建的架构，是在红筹模式下通过协议控制衍生出来的架构。

  具体运作上，采用 VIE 架构的企业先在境外注册设立外商独资企业，通过协议的方式控制境内的业务实体，这样，这家企业在境内的业务实体就成为外商独资企业的 VIE。采用这种方式的中国企业主要是为了去海外上市和融资，采用 VIE 架构可以解决公司所在行业存在外资拥有权限制的问题。从往年的情况看，这些受限的企业大多分布在科技、媒体和通信（TMT）、医疗和教育等行业中。红筹企业如果具有 VIE 架构或者类似特殊安排的，可以在科创板上市，但红筹企业应当充分、详细披露相关情况，特别是风险因素、公司治理等方面的信息，以及红筹企业有义务必须依法落实保护投资者合法权益规定的各项措施。

1.5.2 **已在境外上市的红筹企业在科创板上市后，两个市场的估值是否会存在差异？存在的话是否会产生套利机会？**

答 **已经在境外上市的红筹企业不需要在境外退市，可以直接采用发行存托凭证（CDR）的方式在科创板上市。**

由于之前 A 股 IPO 的规则对上市企业的股权结构、盈利标准等要求比较高，许多企业不能满足相应的发行上市要求，因此具有良好发展前景的科技创新类企业纷纷转道美国纳斯达克、中国香港等市场上市。**如果这些企业以 CDR 的形式到科创板上市，那么，由于境内和境外股票市场在发行定价方式、投资者构成、市场估值、投资理念等方面存在着较大差异，将可能导致同一企业在不同市场的估值差别会比较大。** 理论上，在资金自由流动的环境下，是存在一定的套利空间的，比如，某家企业同时在上交所和纳斯达克市场上市，当出现它在上交所的证券价格高于纳斯达克市场的情况时，投资者就可以通过卖出上交所的证券，然后在纳斯达克市场买入，来获取跨市场的投资价差。但是，因为我国目前仍然存在外汇资本市场管制的情况，也就是资金不能完全自由流动，因此，不同市场之间套利的空间有限，并且实现套利的难度和成本也比较高。

31

1.5.3 **红筹企业在科创板上市，在信息披露方面会有什么特别的规定吗？**

答　考虑到红筹企业注册地在境外但经营活动在境内，并且多数存在协议控制等特殊方式，因此，科创板上市规则在信息披露方面作了一些特别的规定，以更好地保障境内投资者的合法权益，这种保障主要体现在以下几个方面：

红筹企业发行存托凭证上市时，需要提交相关的存管证明文件、存托协议和托管协议等文件。

红筹企业发行存托凭证上市后，必须披露报告期末前 10 名境内存托凭证持有人的名单和持有量；如果存托、托管相关安排在报告期内有实施和变化的，那么，这一企业还必须在年度报告和中期报告中进行披露。

如果存托凭证出现某些特殊情况时，红筹企业还必须及时披露，这些特殊情况包括：存托人、托管人发生变化；存托的基础财产发生被质押、挪用、司法冻结或者其他权属变化；对存托协议、托管协议作出重大修改、存托凭证与基础证券的转换比例发生变动等。

另外，为了保障存托凭证持有人切实行使相应的权利，红筹企业、存托人应当合理安排存托凭证持有人权利行使的时间和方式，保障其有足够时间和便利条件行使相应权利，并根据存托协议的约定及时披露存托凭证持有人权利行使的时间、方式、具体要求和权利行使结果。

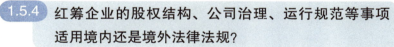

红筹企业的股权结构、公司治理、运行规范等事项适用境内还是境外法律法规?

答　　　对于红筹企业的股权结构、公司治理、运行规范等事项是适用境内法律法规,还是境外的法律法规呢? **这主要取决于红筹企业注册地的相关法规要求。**根据科创板上市审核规则,红筹企业在境内发行股票或者存托凭证并在上交所科创板上市的股权结构、公司治理、运行规范等事项可以适用境外注册地公司法等法律法规。但选择适用境外注册地公司法等法律法规的红筹企业在科创板上市时,其投资者权益保护水平,包括资产收益、参与重大决策、剩余财产分配等权益,总体上应不低于境内法律法规规定的要求,并保障境内存托凭证持有人实际享有的权益与境外基础证券持有人的权益必须是相当的。

1.6 信息披露

1.6.1 科创板在上市公司信息披露方面的法律法规文件主要有哪些?

答　如果投资者想要详细了解科创板信息披露的相关标准或者要求,可以查阅具体文件。这些文件包括:《中华人民共和国证券法》《中华人民共和国公司法》《上海证券交易所科创板股票上市规则》《科创板首次公开发行股票注册管理办法》《科创板上市公司持续监管办法(试行)》《关于在上海证券交易所设立科创板并试点注册制的实施意见》《证券交易所管理办法》《公开发行证券的公司信息披露内容与格式准则第41号——科创板公司招股说明书》《上海证券交易所科创板股票发行上市申请文件目录》《上海证券交易所科创板上市保荐书内容与格式指引》等。具体可以在中国证监会网站、上交所等网站查询。

1.6.2 科创板上市公司定期报告披露的规定，与沪市主板是否一致？

 科创板上市公司需要披露的定期报告以及相应的披露要求与沪市主板要求一致，具体披露的定期报告也包括年度报告、半年度报告和季度报告。

披露的时间上，上市公司应当在每个会计年度结束之日起 4 个月内披露年度报告，在每个会计年度的上半年结束之日起 2 个月内披露半年度报告，在每个会计年度前第 3 个月、第 9 个月结束之日起 1 个月内披露季度报告。第一季度季度报告的披露时间不得早于上一年度年度报告的披露时间。

与主板公司相同，科创板上市公司应当向上交所预约定期报告的披露时间。对于年度报告等上市公司定期报告的预约披露情况，上交所会在官方网站（www.sse.com.cn）上集中展示，投资者可以登录网站查阅相关信息。

当然，如果上市公司预计不能在规定期限内披露定期报告，应当及时公告不能按期披露的原因、解决方案以及预计披露的时间。

1.6.3 科创板上市公司未按期披露定期报告的，其股票交易是否会受到影响？

 科创板上市公司没有按期披露定期报告的，其股票

会被采取相应的停牌措施，交易流动性会受到相应的影响。具体规定为：科创板上市公司没有在规定的期限内披露季度报告的，公司股票应当在报告披露期限截止的当天停牌1天；科创板上市公司没有在规定期限内披露年度报告或者半年度报告的，公司股票应该在报告披露期限截止日起停牌，一直到公司披露相关定期报告的当日复牌；公告披露日为非交易日的，则在公告披露后的第一个交易日复牌。

公司因未披露年度报告或者半年度报告的停牌期限不超过2个月。停牌期间，公司应当至少发布3次风险提示公告。

1.6.4 科创板对于信息披露的要求和目前A股其他板块有什么不同？

在信息披露方面，科创板与其他板块在上市初期和上市后的持续信息披露方面都有较大差别，整体信息披露要求上更凸显科创板特色：

首先是上市时的信息披露要求的差别。申报时提交的预披露文件中，除了预披露招股说明书外，科创板预披露文件新增了上市保荐书、发行保荐书、法律意见书和审计报告。同时，招股说明书中披露内容也有重大调整，科创板招股书的编制上也强调科创板企业特色，反映科创板基础制度创新，比如业务与技术一节，对创新性业务及模式要求披露独特性、创新性、持续创新能力；

信息披露方面，要求披露参与跟投情况、协议控制架构的具体安排、未盈利企业的特殊披露事项等。同时，科创板招股书专设一节，突出投资者权益保护。另外，还要求科创企业充分披露行业信息和公司经营信息，尤其是科研水平、科研人员、科研投入等能够反映行业竞争力的信息以及核心技术人员任职及持股情况，便于投资者合理决策。

其次是上市后持续信息披露要求的差别。新增了分阶段披露要求：上市公司筹划重大事项，持续时间较长的，应当按照重大性原则，分阶段披露进展情况，及时提示相关风险，不能够只以相关事项结果还不确定为由不予披露。

再次是自愿披露信息方面的要求。上市公司和相关信息披露义务人认为相关信息可能影响公司股票交易价格或者有助于投资者决策，但不属于规则要求披露的信息，可以自愿披露。

试点注册制无疑对科创板发行人信息披露作出了更加严格、细致的要求，上市公司和相关信息披露义务人应当及时、公平地披露信息，保证所披露信息的真实、准确、完整，不存在虚假记载、误导性陈述或者重大遗漏。基于如此严格的信息披露要求，相信上市公司、相关信息披露义务人和投资者之间沟通渠道会更加通畅、透明，当发生上述风险及重大事项时，能够通过多种渠道向投资者充分说明，在监管审核工作的基础上也强化

了公众的监督效果，从而有效提升科创板上市公司质量，保护投资者利益。

1.6.5 科创板上市规则中有关行业风险、经营风险信息披露要求是如何规定的？

答 由于科创企业具有投入大、周期长、风险高等特点，科创板上市规则对企业所处的行业风险、经营风险的信息披露要求作了严格规定。

行业风险包括：所处行业的基本特点、主要技术门槛，报告期内新技术、新产业、新业态、新模式的发展情况和未来发展趋势；核心竞争优势，核心经营团队和技术团队的竞争力分析，以及报告期内获得相关权利证书或者批准文件的核心技术储备；当期研发支出金额及占销售收入的比例、研发支出的构成项目、费用化及资本化的金额及比重；在研产品或项目的进展或阶段性成果，研发项目预计总投资规模、应用前景以及可能存在的重大风险；以及其他有助于投资者决策的行业信息。

上市公司也可以在《企业会计准则》规定范围外，披露息税前利润、自由现金流等反映公司价值和行业核心竞争力的参考指标。

经营风险方面，重点关注两种情形。一是上市公司尚未盈利的，应当在年度报告显著位置披露公司核心竞争力和经营活动面临的重大风险。同时，上市公司应当结合行业特点，充分披露尚未盈利的原因，以及对公司现金流、业务拓展、人才吸引、团队稳定性、研发投入、战略性投入、生产经营可持续性等方面的影响。二是上市公司年度净利润或营业收入与上年同期相比下降 50% 以上，或者净利润为负值的，应当在年度报告中披露：业绩大幅下滑或者亏损的具体原因；主营业务、核心竞争力、主要财务指标是否发生重大不利变化，是否与行业趋势一致；所处行业景气情况，是否存在产能过剩、持续衰退或者技术替代等情形；持续经营能力是否存在重大风险；对公司具有重大影响的其他信息。

1.6.6 发行人、保荐人、证券服务机构和上交所在科创板信息披露方面的具体责任如何规定？

答 发行人、保荐人、证券服务机构和上交所均在科创板企业上市时的信息披露方面扮演重要的角色。

发行人是信息披露的第一责任人，应当保证信息披露的真实性、准确性和完整性，不得有虚假记载、误导性陈述或者重大遗漏。

保荐人需全面核查验证发行人注册申请文件，审慎作出推荐决定。同时，保荐机构对科创板企业的持续督导期为股票上市当年剩余时间以及上市之后的 3 个完整会计年度，在此期间，保荐机构应当在上市公司年度报告、半年度报告披露之日起 15 个交易日内，披露持续督导跟踪报告。

证券服务机构应当严格按照法律规则和行业自律规

范，审慎履行职责，作出专业判断与认定，对与其专业相关的业务事项履行特别注意义务，并承担相应法律责任。

上交所将从充分性、一致性和可理解性的角度，对发行上市申请文件进行信息披露审核，以督促发行人及其保荐人、证券服务机构真实、准确、完整地披露信息，提高信息披露质量。

1.6.7 投资者可以通过哪些渠道来获取科创板上市公司信息披露的相关文件呢？

投资者可以通过中国证监会网站、上交所网站（科创板信息披露专区）、中国证监会指定的媒体（如巨潮资讯网）或者中国证监会指定报纸和期刊等渠道，来获取科创板上市公司的信息披露相关文件。

1.6.8 针对科创板企业控股股东、实际控制人、董监高及核心技术人员首发前股份的减持信息披露要求是怎样的？

科创板上市规则针对特定股东（控股股东、实际控制人、董监高及核心技术人员）设置了严格的限售、减持和信息披露要求。关于信息披露方面，上市公司控股股东、实际控制人减持股份前后，需要依照2017年5月27日发布的减持制度的规定披露减持计划或进度。

减持之前：大股东、董监高通过集中竞价交易减持股份的，应当在首次卖出股份的15个交易日前向上交所报告备案减持计划，并予以公告，减持计划应当包括但不限于拟减持股份的数量、来源、减持时间区间、方式、价格区间、减持原因等信息，且每次披露的减持时间区间不得超过 6 个月。

减持过程中：大股东、董监高减持数量过半或减持时间过半时，需要披露减持进展。并且在减持期间，如果上市公司披露高送转或筹划并购重组等重大事项的，大股东、董监高应当立即披露减持进展情况，并说明本次减持与前述重大事项是否有关。

减持完毕后：大股东、董监高通过集中竞价交易减持的，应该在减持计划实施完毕或减持计划终止日后的 2 个交易日内公告减持情况，还应当在减持计划中披露上市公司是否存在重大负面事项、重大风险、控股股东或者实际控制人认为应当说明的事项。

2.

科创板投资一本通

投资科创板

2.1 科创板开户

2.1.1 **已有 A 股账户，投资科创板的话要另外开户吗？如何开通权限？**

答 已有 A 股账户，投资科创板不用另外开户，直接跟券商申请开通权限就可以。

上交所在 2019 年 3 月 7 日"关于证券公司开通客户科创板股票交易权限的答记者问"中表示，科创板股票交易权限的开通方式与港股通基本一致，投资者只需向其委托的证券公司申请，在已有沪市 A 股证券账户上开通科创板股票交易权限就可以，不需要另外在中国结算开立新的证券账户。如果适当性匹配，只需要签署适当性评估结果确认书、风险揭示书并回答知识测评，通过就可以办理，整个流程迅速快捷，会员也无需向上交所申请办理其他手续。

符合科创板股票适当性条件的投资者自 2019 年 3 月 1 日起可以申请开通相关权限。

2.1.2 个人投资科创板的门槛是什么？

 科创企业商业模式较新、业绩波动可能较大、经营风险较高，需要投资者具备相应的投资经验、资金实力、风险承受能力和价值判断能力。因此根据上交所发布的《上海证券交易所科创板股票交易特别规定》，个人投资者参与科创板股票交易，应当满足"**50 万元资产 +24 个月交易经验**"的条件，具体为：申请权限开通前 20 个交易日证券账户及资金账户内的资产日均不低于 50 万元（不包括该投资者通过融资融券融入的资金和证券），参与证券交易 24 个月以上，另外还需要满足上交所规定的其他条件。

证券公司为个人投资者开通科创板股票交易权限前，应当对个人投资者是否符合投资者适当性条件进行核查，具体认定标准包括对证券账户及资金账户内资产的认定和对参与证券交易经验的认定。

2.1.3 机构投资者参与科创板二级市场投资有门槛吗？

 只需要符合法律法规及上交所业务规则的规定，机构投资者就可以直接申请开通科创板股票交易权限，不需要满足个人投资者所需要的相关资产和交易经验等条件。

2.1.4 50 万元资产认定范围是什么？是否可以通过"两融"的循环担保等方式达到市值认定标准？

 个人投资者参与科创板股票交易，应当符合《上海

46

证券交易所科创板股票交易特别规定》中规定的适当性条件等要求，可用于计算个人投资者 50 万元资产账户的有两个来源，一个是证券账户，另一个是资金账户。

证券账户方面，又可以按账户在哪里开立细分为"在中国结算开立的证券账户"和"在证券公司开立的账户"。在中国结算开立的证券账户，包括了 A 股账户、B 股账户、封闭式基金账户、开放式基金账户、衍生品合约账户，以及中国结算根据业务需要设立的其他证券账户。就具体的资产来看，包括股票（A 股、B 股、优先股、通过港股通买入的港股和股转系统挂牌股票）、公募基金份额、债券、资产支持证券、资产管理计划份额、股票期权合约（其中权利仓合约按照结算价计增资产，义务仓合约按照结算价计减资产），以及上交所认定的其他证券资产。在证券公司开立的账户内的资产，包括了公募基金份额、私募基金份额、银行理财产品、贵金属资产等。

资金账户方面，包括客户交易结算资金账户、股票期权保证金账户等。资金账户内可计入的资产包括：客户交易结算资金账户内的交易结算资金、股票期权保证金账户内的交易结算资金（包括义务仓对应的保证金），以及上交所认定的其他资金资产。

另外需要注意的是，计算各类融资类业务相关资产时，应该按照净资产计算，不包括融入的证券和资金。因此，不可以通过"两融"的循环担保等方式达到市值认定标准。

2.1.5 24 个月交易经验怎么认定？

　　个人投资者参与科创板投资的资格条件中有一条是需要有 24 个月的交易经验。那么 24 个月交易经验具体该怎么认定呢？包括 A 股、B 股和股转系统挂牌股票交易的时间，而且不区分沪市还是深市，相关的交易经历是从投资者本人一码通下的任一证券账户在上海、深圳证券交易所及股转系统发生首次交易开始计算，首次交易日期可以通过证券公司向中国证券登记结算有限公司查询。

　　那么什么是一码通账户呢？中国证券登记结算有限公司按交易场所、交易品种分设的投资者证券账户整合为一个统一的账户，即在现有沪深 A 股、B 股等证券账户基础上，为投资者设立一码通账户，作为记录投资者身份信息以及证券资产的总账户，现有证券账户作为投资者用于投资交易的子账户，并在一码通账户与子账户之间建立关联关系。概括而言就是"一套账户、一套规则、一套系统"。打个比方，一码通账户就好比居民身份证，证券账户类似于银行卡，不论是哪张银行卡，都对应同一张居民身份证。

2.1.6 如果没有 50 万元资产，或者 24 个月经验不够，有什么其他途径可以参与科创板投资？

　　现有可投资 A 股的公募基金都是可以投资科创板股票的，因此个人投资者账户上如果没有 50 万元资产，或者个人投资经验不满 24 个月的，虽然不能直接参与科创板的投资，但是可以通过投资相关公募基金来参与科创板投资，通过以下几种途径参与都是可行的。

投资科创板的公募基金。 个人投资者可以寻找基金名称中带有"科创板"字样的公募基金，这类基金一般仅投资科创板，它的投资比例可以达到80%。比如科创板 2 年或 3 年封闭期的灵活配置混合型基金。而且，这类封闭式基金更是有机会参与科创板新股的战略配售部分的申购。截至 2019 年 4 月 4 日，已有 27 只科创板公募基金处于申报通道。

科技创新类主题股票型或混合型公募基金。 个人投资者可以寻找基金名称中带有"科技"、"创新"等字样的公募基金，这类基金将会配置一定比例的科创板股票，例如科技先锋混合型基金、科技成长股票型基金、科技先锋灵活配置混合型基金等。

个人投资者可以在已经上市交易基金中寻找修改投资范围、增加投资科创板相关股票的公募基金。

也可以从二级市场中选择买入 6 只 LOF 定开型战略配售基金。这 6 只战略配售基金也都可以参与科创板股票的战略配售，它们分别是：华夏 3 年战略配售基金、嘉实 3 年战略配售基金、汇添富 3 年战略配售基金、易方达 3 年战略配售基金、招商 3 年战略配售基金、南方 3 年战略配售基金。

此外，个人投资者还可以投资科创板**私募证券投资基金**、科技创新类主题类私募证券投资基金等来参与科创板投资。

2.2　网上新股申购

2.2.1 **参与科创板网上新股申购是预缴款申购还是市值申购？市值要求多少？**

 参与科创板网上申购需要足够的市值。上交所规定：根据投资者持有的市值确定其网上可申购额度，符合科创板投资者适当性条件且持有市值达到 10000 元以上的投资者才可参与网上申购。每 5000 元市值可以申购一个申购单位，不足 5000 元的部分不计入申购额度。每一个新股申购单位为 500 股，也就是每 5000 元可以申购 500 股，申购数量应当为 500 股或其整数倍，但最高申购数量不得超过当次网上初始发行数量的千分之一，也不得超过 9999.95 万股。如果超过上限，那么这一笔申购就是无效申购。另外，投资者持有市值的计算方式按照上交所有关规定执行。

2.2.2 **科创板网上顶格申购市值是多少？**

 对于不同发行量的新股，网上顶格申购所需市值不同。上交所规定：最高申购数量不得超过当次网上初始发行数量的千分之一，且不得超过9999.95万股。即最大申购量为网上初始发行量的千分之一与9999.95万股之中的较低值。又由于每5000元市值可申购一个申购单位，每一个新股申购单位为500股。所以，网上顶格申购所需市值为网上初始发行量的百分之一与99999.5万元两者之中的较低值。

例如：某公司网上初始发行数量为4000万股，网上初始发行数量的千分之一是4万股，小于9999.95万股，所以投资者申购的最高数量是4万股，即最多获配80个号，相应地，顶格申购需要的市值就是40万元。

2.2.3 **科创板网上中签确定方式与沪市主板是否一样？是否通过摇号确定？**

当网上申购总量大于网上发行总量时，科创板和A股沪市主板一样，都需要摇号抽签，由主承销商在公证机构监督下根据总配号量和中签率组织摇号抽签。

科创板按照每500股配一个号的规则对有效申购进行统一连续配号，每一个中签号可以认购500股新股。沪市主板按照每1000股配一个号的规则对有效申购进行统一连续配号，每一个中签号可以认购1000股新股。

2.2.4 科创板每一个申购单位对应市值要求降低为 5000 元，申购单位降至 500 股 / 手，对中签率有什么影响？

　　科创板网上每单位申购量对应市值标准与中小板和创业板相同，仅为主板的一半，这一制度设置能够让更多的中小投资者参与科创板的网上申购，从而提升科创板网上投资者申购新股的普惠度。由于中签率 = 网上最终发行股数 / 网上有效申购股数 ×100%，因此，申购单位降至 500 股 / 手，可以使得原来剩余有效申购股数介于 500 股至 1000 股之间的投资者有机会多申购 1 个单位，最终使得网上有效申购股数出现略微上升，网上中签率随之略微下滑。

　　在假设参与网上申购的投资者数量一定的前提下，由于最终分配的号码和中签的号码数量同时增加约一倍，将会有更多的投资者获得中签的机会，但是中签一个号获配的新股数量则减少一半至 500 股，也就是"提升了科创板网上投资者申购新股的普惠度"。

2.2.5 网上申购中签率有多少？会比主板中小创高吗？

　　科创板新股网上中签率取决于网上初始和最终发行量、参与网上申购的投资者数量、网上申购饱和度等因素，而这些因素目前都存在较大不确定性。首先，科创板的准入门槛较高，网上参与者数量将较 A 股其他板块明显减少；其次，预期满足科创板开户要求并参与科创板新股网上申购的投资者平均持股市值更高，由此网上申购饱和度相比 A 股其他板块将有一定程度提升；再次，网上发行量占比最终位于 20%—40%，相比目前 A 股其他板块 90% 或 100% 将明显下滑。

我们结合目前 A 股其他板块网上申购情况，对科创板运行初期的相关因素给出以下假设：

（1）截至 2019 年 4 月 19 日，科创板已受理的企业 84 家，剔除极大值和极小值后，预计发行量平均为 4340 万股左右。以此为基准，我们假设网上初始和最终发行量均为 30%，即网上发行量为 1302 万股。

（2）根据上交所公告"现有 A 股市场符合条件的个人投资者约 300 万人"，由于科创板将吸引部分投资者进入，我们假设网上有效账户数为 300 万户、400 万户、500 万户。

（3）同时根据网上顶格申购所需资金，假设网上账户申购饱和度为 80%、70%、60%。

结果显示：目前 A 股其他板块相同发行量的网上中签率约为 0.0346%，科创板网上中签率并非绝对高于或者低于目前 A 股其他板块，整体来看，两者差异幅度（科创板 /A 股其他板块−1）可能在−28%—60% 之间。

但由于科创板实行更加市场化的发行和交易制度，因此科创板的发行价格可能出现高于合理估值的情况，上市后也并非都有确定性的大幅上涨，尤其是出现破发的情况下，将可能对科创板未来的网上申购中签率产生重大影响。

表 2.1　科创板网上申购中签率敏感性测算

板块	最终发行量（万股）	网上拟发行初始量（万股）	网上有效申购户数（万户）	网上账户申购饱和度	最终中签率	中签率：科创板/A股其他板块—1
科创板	4340	1302	500	80%	0.0250%	—28%
			400	80%	0.0313%	—10%
			300	80%	0.0417%	20%
			500	70%	0.0286%	—17%
			400	70%	0.0357%	3%
			300	70%	0.0476%	38%
			500	60%	0.0333%	—4%
			400	60%	0.0417%	20%
			300	60%	0.0556%	60%
A股其他板块	4340	1736	1300	50%	0.0346%	—

资料来源：申万宏源研究。

2.2.6 网上中签不缴款会有什么影响？算违约吗？最多可以违约几次？违约的话申购限制期间多久？

 　　对于科创板网上中签后不缴款该如何处理，目前还没有出台相关文件。那么，科创板有没有可能参照沪市其他板块的相关申购细则呢？这也还需要进一步明确。

　　根据上交所《上海市场首次公开发行股票网上发行实施细则》：投资者连续 12 个月内累计出现 3 次中签但未足额缴款的情形时，从结算参与人最近一次申报其放弃认购的第二天起 6 个月（按 180 个自然日计算，含次日）内不得参与新股、存托凭证、可转换公司债券、可交换公司债券网上申购。也就是说，网上单个配售对象在连续 12 个月内最多允许违规 2 次，第 3 次违规将被记入黑名单，限制期为 6 个月。

2.2.7 科创板网上初始发行份额、回拨比例、最终份额是多少？

答　科创板的网上初始发行份额（即网上初始发行量占发行总量的比例）为 20%—30%。根据科创板对不同发行总量的新股网下初始发行份额的规定，我们通过倒推可以得到不同发行量的新股网上初始发行份额，即公开发行后总股本不超过 4 亿股，网上初始份额不高于 30%；公开发行后总股本超过 4 亿股或者发行人还没有盈利的，网上初始份额不高于 20%。

在网上超额认购的情况下，科创板将实施网下向网上回拨，比例最高为 10%。具体来看，当网上投资者有效申购倍数超过 50 倍且不超过 100 倍时，将从网下向网上回拨，回拨比例为本次发行量的 5%；当网上投资者有效申购倍数超过 100 倍时，回拨比例为本次发行量的 10%。另外，原则上回拨后无限售期的网下发行数量不能超过本次公开发行量的 80%。

因此，回拨后网下最终份额为 60%—80%，相应地，**回拨后网上最终份额为 20%—40%。**

2.2.8 **个人投资者在申购前可以通过什么方式得到新股合理价格的参考信息？**

答 投资者可以在申购前一天从公开渠道获取公司发行公告，上面载有新股发行价格信息，只需要按照发行价进行申购就可以。

2.2.9 **新股发行价是怎么确定的？累计投标询价的具体流程是怎样的？**

答 科创板首发新股的发行价格确定有两种模式：一种是通过初步询价直接确定发行价格；另一种是先通过初步询价确定发行价格区间，在确定价格区间的基础上，再通过累计投标询价确定最终价格。这两种方式都是市场化询价机制下普遍采用的。考虑到科创板企业定价难度较大，科创板将询价对象确定为以七类专业机构投资者为主，主要包括证券公司、基金管理公司、信托公司、财务公司、保险公司、合格境外机构投资者和私募基金管理人等。

累计投标询价具体流程：在初步询价阶段，发行人和主承销商首先根据路演推介和初步询价情况，并综合考虑发行人基本面、所处行业、可比公司估值水平和市场环境等因素，确定本次发行的发行价格区间。配售对象在初步询价阶段填写的多个"拟申购价格"，如果其中有一个或一个以上报价落在主承销商确定的发行价格区间之内或者区间上限之上，那么该配售对象进入累计投标询价阶段，进行新股申购。在网下和网上申购结束后，发行人和主承销商将根据网下申购情况，综合考虑发行人基本面、所处行业、可比公司估值水平和市场环境等因素，在发行价格区间内协商确定本次发行价格。

2.3 网下新股申购

2.3.1 **个人投资者可以参与网下新股申购吗？哪些投资者可以参与网下新股申购？**

  个人投资者不可以参与网下新股申购。参与科创板网下询价的投资者为"证券公司、基金管理公司、信托公司、财务公司、保险公司、合格境外机构投资者和私募基金管理人等专业机构投资者"。而且，在发行价格（或发行价格区间）确定后，只有提供有效报价的网下投资者才可以参与申购。

与此前主板市场规则相比，"符合要求的个人投资者"被排除在外。上交所表示，考虑到科创板对投资者的投资经验、风险承受能力要求更高，全面采用市场化的询价定价方式，将首次公开发行询价对象限定为上述专业机构投资者。

2.3.2 **科创板网下申购要求是否与主板要求一致？网下申购的市值要求有多高？**

  截至 2019 年 4 月 23 日，还没有专门针对科创板网下申购要求的文件出台。

主板、中小板和创业板对投资者网下申购市值要求为：以新股初步询价开始前 2 个交易日为基准日，网下配售对象在新股发行上市所在证券交易所基准日前 20 个交易日（含基准日）的非限售股票的流通市值日均值应为 1000 万元（含）以上。 网下申购市值具体要求由发行人和保荐机构共同协商确定，投资者可以在新股首次公开发行股票初步询价及推介公告中查看。

除了市值要求外，网下投资者参与新股申购还需要满足以下条件：**第一，具备一定的证券投资经验。** 机构投资者应当依法设立、持续经营时间达到 2 年（含）以上，从事证券交易时间达到 2 年（含）以上；个人投资者从事证券交易时间应达到 5 年（含）以上。经行政许可从事证券、基金、期货、保险、信托等金融业务的机构投资者可不受上述限制。**第二，具有良好的信用记录。** 最近 12 个月未受到刑事处罚、未因重大违法违规行为被相关监管部门给予行政处罚、采取监管措施，但投资者能证明所受处罚业务与证券投资业务、受托投资管理业务互相隔离的除外。**第三，具备必要的定价能力。** 机构投资者应具有相应的研究力量、有效的估值定价模型、科学的定价决策制度和完善的合规风控制度，以及监管部门和中国证券业协会要求的其他条件。

特别地，**私募基金管理人参与科创板网下申购时，要求其管理的资产总规模连续两个季度 10 亿元以上，且**

管理的产品中至少有一只存续期 2 年以上；**申请注册的私募基金产品规模应为 6000 万元以上**。目前暂未出台对网下其他投资者新股申购的要求。

另外，与 A 股其他板块一致的是，网下投资者指定的股票配售对象不得为债券型证券投资基金或信托计划，也不得为在招募说明书、投资协议等文件中以直接或间接方式载明以博取一、二级市场价差为目的申购首发股票的理财产品等证券投资产品。

上述股票配售对象是指网下投资者所属或直接管理的、已在中国证券业协会完成注册、可参与首发股票网下申购业务的自营投资账户或证券投资产品。

2.3.3 科创板网下三类对象配售比例预期有多少？相比主板，提升程度如何？

 科创板新股网下配售比例变化的不确定性较大，主要原因在于以下几点：首先，C 类配售对象数量预期明显下滑。由于个人投资者和一般机构投资者不能参与科创板的网下询价，而据抽样测算，C 类中的个人和一般机构投资者的数量占比接近 80%，即使 C 类部分个人可能借道 A 类公募产品等渠道参与科创板网下申购，增量也相对有限，因此科创板网下 C 类对象数量将较目前 A 股其他板块较大比例下滑。其次，上交所规定网下发行数量的 50% 会优先向公募、社保基金、养老金、企业年金基金、保险资金等配售。根据测算，优配对象优先获配份额将可能为 75%—86%，高出目前 A 股其他板块的 56%—80%（2019 年 Q1 均值为 65%）。再次，网下最终发行份额大幅提升。科创板网下发行数量占比预期为 60%—80%，较目前 A 股其他板块的 10% 高出约 5—7 倍。

综合考虑目前 A 股其他板块特征、科创板网下配售制度等，我们对网下三类对象配售比例进行测算，得到科创板运行初期网下三类对象配售比例可能有所提高。具体假设如下：

（1）A 股其他板块网下配售对象数量均值：A 类1800 家、B 类 300 家、C 类 3000 家；

（2）科创板网下配售对象数量均值：考虑到 C 类部分个人和一般机构将可能借道 A 类公募产品等渠道参与科创板网下申购，同时 A 类配售对象数量也会在上述"借道"行为等原因带动下有所增加，但预期 C 类个人和一般机构投资者的退出家数将明显多于 A 类配售对象增加数量。因此，预期科创板 C 类个人配售对象数量将比假设（1）中 A 股其他板块下降 50%—100%，科创板A 类配售对象数量将比假设（1）中 A 股其他板块增加20%—50%；

（3）中签率：A 类 /B 类 =1.2 倍，A 类 /C 类 =2.5 倍。

在科创板 A 类配售对象数量增加 50% 至 2700 家，C类个人和一般机构投资者退出 50% 至 2000 家时，同时满足假设（3）的条件下，测算得出 A、B、C 三类配售

61

比例分别为 0.0156%、0.0132%、0.0063%，比 2019 年第一季度 A 股其他板块高出约 1.40 倍、1.06 倍、2.07 倍。

在科创板 A 类配售对象数量增加 20% 至 2160 家，C 类个人完全退出时，测算得出 A、B、C 三类配售比例分别为 0.02458%、0.0205%、0.0098%，比 2019 年第一季度 A 股其他板块高出约 2.81 倍、2.20 倍、3.80 倍。

需要注意的是，**以上的测算仅仅是基于当前 A 股其他板块发行及交易市场特征和科创板运行初期网下申购市场情况的假设**，如果未来科创板市场化发行的制度和网下三类对象数量发生变化，三类对象的配售比例将相应发生变化。

2.4 战略配售

2.4.1 **是不是所有的科创企业都可以实施战略配售？**

 《上海证券交易所科创板股票发行与承销实施办法》放宽了战略配售实施条件，并鼓励战略投资者和发行人高管、核心员工以战略配售方式参与新股发售，因为战略投资者获配股份一般要有最低 12 个月的锁定期，**鼓励战略配售的目的在于降低企业首发上市初期可流通股份，一定程度起到稳定上市初期股价的作用。**

科创板上市公司实施战略配售的条件为：首次公开发行股票数量在 1 亿股以上的，战略投资者获得配售的股票总量原则上不得超过本次公开发行股票数量的 30%；首次公开发行股票数量不足 1 亿股的，战略投资者获得配售的股票总量不得超过本次公开发行股票数量的 20%。而 A 股其他板块的新股只有发行股票数量在 4 亿股以上才可以实施战略配售。**因此，理论上，所有的科创板企业首发时都可以实施战略配售，只不过因发行股票数量的不同，战略配售发行量有所区别。**

从战略配售的实施条件和实施目的来看，我们预期科创板企业的战略配售的实施率将会明显高于 A 股其他板块的实施率。

2.4.2 参与战略配售能百分百获配吗？有锁定期吗？有什么风险？

参与战略配售与参与网下配售不同，战略投资者无需参与网下询价，但需与发行人事先签署配售协议，**理论上，与发行人签署了战略配售协议的合格的战略配售对象都有获配机会**。但战配投资者需要用自有资金认购并实际持有，不得代持，同时战略获配股份锁定期最低为 12 个月。

由于有最低 12 个月的锁定期，因此战配获配股份存在一定的流动性风险。科创板上市企业多为科技创新类企业，研发投入较高而盈利模式可能不稳定，同时，也可能存在因研发失败、经营不善、业绩变脸等原因导致上市一年后股价大幅下挫、甚至破发的风险。

2.4.3 战略投资者的资格如何确定？是否有统一的标准？

主承销商对战略投资者的选取标准、配售资格及是否存在特定禁止性情形进行公布与核查。

首先，在定性标准上，参与发行人战略配售的投资者，应当具备良好的市场声誉和影响力，具有较强的资金实力，认可发行人长期投资价值，并按照最终确定的发行价格认购其承诺认购数量的发行人股票。

其次，战配对象具体包括以下六大类：与发行人经营业务具有战略合作关系或长期合作愿景的大型企业或其下属企业；具有长期投资意愿的大型保险公司或其下属企业、国家级大型投资基金或其下属企业；以公开募集方式设立，主要投资策略包括投资战略配售股票，且以封闭方式运作的证券投资基金；参与跟投的保荐机构相关子公司；发行人的高级管理人员与核心员工参与本次战略配售设立的专项资产管理计划；符合法律法规、业务规则规定的其他战略投资者。

此外，战略配售投资者数量与发行规模挂钩：首次公开发行股票数量 4 亿股以上的，战略投资者应不超过 30 名；1 亿股以上且不足 4 亿股的，战略投资者应不超过 20 名；不足 1 亿股的，战略投资者应不超过 10 名。

最后，战配资金来源上，除公募外，必须是自有资金，不能存在接受其他投资者委托或委托其他投资者参与本次战略配售的情形，即战配资金不能"穿马甲"。认购时间安排上，要求 T-3 日（T 日为网上网下申购日）前足额缴纳认购资金及相应新股配售经纪佣金。

2.4.4 战略投资者的引入，扮演何种角色？对价格有何影响？

 科创板引入知名企业或者大型知名投资机构作为战略投资者参与首发战略配售，以及发行人高管和核心员工以战略配售方式参与，均需锁定至少 12 个月，而发行

保荐机构的相关子公司跟投则需要锁定至少 24 个月。引入战略投资者主要有两方面的作用，一是引导发行人和保荐机构理性定价；二是降低企业首发上市初期可流通股份，一定程度起到稳定上市初期股价的作用。

2.5 "绿鞋"机制

什么是"绿鞋"?"绿鞋"的具体操作是怎样的?

"绿鞋",是**"超额配售选择权"**的俗称,最早由美国波士顿绿鞋制造公司在 1963 年首次公开发行股票(IPO)时率先使用而得名。

它是 IPO 招股说明书中设置的一项特殊条款,由发行人授予主承销商超额配售股票的权利,并在新股上市之日起的一段时间内(如 30 个自然日),当出现发行人股票的市场交易价格低于发行价格时,可以使用超额配售股票募集的资金从二级市场竞价交易购买发行人股票的权利,采用超额配售选择权发行股票数量不得超过首次公开发行股票数量的 15%。超额配售选择权的行使期限为新股上市后 30 个自然日内。具体操作流程为:

首先,采用超额配售选择权的,应当在招股意向书和招股说明书中披露超额配售选择权实施方案,包括实施目标、操作策略、可能发生的情形以及预期达到的效

果等。需要向中国证券登记结算有限公司申请开立超额配售选择权专门账户，应当将超额配售股票募集的资金存入其在商业银行开设的独立账户。

其次，主承销商可以征集投资者认购意向，与意向投资者达成预售拟行使超额配售选择权所对应股份的协议，明确投资者预先付款并同意向其延期交付股票。

最后，发行人股票上市之日起30个自然日内，发行人股票的市场交易价格低于发行价格的，获授权的主承销商有权使用超额配售股票募集的资金，在连续竞价时间以本方最优价格申报方式购买发行人股票，且申报买入价格不得超过本次发行的发行价；获授权的主承销商未购买发行人股票或者购买发行人股票数量未达到全额行使超额配售选择权拟发行股票数量的，可以要求发行人按照发行价格增发股票。买入或增发的股票将交给同意延期交付的投资者。

2.5.2 我国有启动过"绿鞋"机制吗？"绿鞋"有什么作用？

我国IPO市场一般在发行超级大盘股时才采用"绿鞋"。截至2019年3月，A股IPO市场仅有3家公司采用过"绿鞋"机制，分别是2006年工商银行IPO、2010年农业银行和光大银行的IPO。

"绿鞋"机制是纠错机制，也是价格稳定机制，能使多方受益。

"绿鞋"机制使承销商和发行人有一定的容错空间，

即使**价格和发行量的确定出现误差，也可以在新股上市之后进行一定程度的弥补**。在新股定价过高、股价下跌时，由承销商从二级市场买入，对冲股价下跌；在新股定价过低、股价上涨时，发行人可以超额发行股票，顺应高涨的需求，多从市场募集资金。

对承销商而言，运用"绿鞋"机制，能够在一定程度上防止新股发行上市后股价下跌至发行价或发行价以下，增强参与一级市场认购的投资者的信心，实现新股股价由一级市场向二级市场的平稳过渡。

2.5.3　科创板实施"绿鞋"的概率大吗？

与A股不同，科创板采用全新的新股发行制度、交易制度等，科创板新股上市初期股价波动幅度将明显增加，"绿鞋"机制能起到价格和发行量纠错、价格稳定的作用，因此，预期在科创板上市的发行人将有动力设置"绿鞋"，"绿鞋"机制在科创板的实施概率将会明显高于主板。

2.5.4　当主承销商启动"绿鞋"机制，中小投资者是否可以参与？

"绿鞋"属于"战略配售"性质，科创板对参与战略配售的投资者的资格有严格的要求，具体资格要求可以参见本书2.4.3的回答，中小投资者没有资格参与"绿鞋"。

2.6 上市交易

2.6.1 **股票交易制度方面，科创板与主板、中小板、创业板股票有什么区别？**

答 由于科创板实行注册制，市场化程度更高，因此科创板股票上市交易制度单独设置了一套交易规则，与主板、中小板、创业板有很大的区别，其差异主要体现在交易方式和交易规则上。

在交易方式上，除了竞价交易和大宗交易等A股其他板块现有的交易方式外，科创板还**引入盘后固定价格交易方式**。既然是盘后固定价格交易方式，这一交易自然是发生在收盘集合竞价结束之后。具体操作上，投资者在指定交易时间段内进行收盘定价申报，盘后固定价格交易时段，上交所的交易系统将按照时间优先的顺序对收盘定价申报进行撮合，撮合成功即为成交，成交价为当日的收盘价。此外，根据科创板交易规则的相关规定，未来将在条件成熟时**引入做市商机制**，该机制可以为科创板股票提供双边报价服务。

在交易规则上，相比于 A 股其他板块，科创板作出了较大突破，首次发行的新股上市之日起的前 5 个交易日不设置涨跌幅限制，但是，仍然保留了"T+1"的交易规则；从第 6 个交易日开始有涨跌幅限制，限制幅度由目前 A 股其他板块的 10% 放宽至 20%。同时，申报限价方面也作了不同的规定，要求每一笔申报数量不能小于 200 股，且不可超过 10 万股；如果采用市价申报，每笔申报数量也是不能小于 200 股，但单笔总量不能超过 5 万股。

2.6.2 **什么是做市商制？做市商制对股市波动有什么影响？**

做市商制在证券市场上的运用，一般是指取得特许资格的交易商（如证券公司）持续向公众投资者报出某只证券的买卖价格（即双向报价），并在该价位上接受公众投资者的买卖需求，以其自有资金和证券与投资者进行证券交易。投资者的交易对手为做市商，因此不需要等待其他交易对手出现就可以进行交易。目前，世界各地证券和期货市场中有相当数量采用做市商制。

在我国，曾在 1990 年 12 月成立的原"全国证券交易自动报价系统"（STAQ）试行过做市商制，但由于当时市场环境不够规范，做市商制名存实亡。2014 年 6 月 5 日全国股份转让系统正式发布了《全国中小企业股份转让系统做市商做市业务管理规定》，主要从做市业务准

入与终止、做市业务内部管理制度、做市业务管理、决策及相关部门职责、禁止性规定、自律管理等方面作出规定，并明确指出，做市商应设立做市业务部门，专职负责做市业务的具体管理和运作。

未来如果科创板引入做市商制，将可以为科创板股票提供双边报价服务，有助于促进证券市场的流动性，满足公众投资者的投资需求。同时，做市商有责任在股价暴涨暴跌时参与做市，从而遏制过度的投机，起到市场"稳定器"的作用。而做市商自身可以通过买卖报价的适当差额来补偿其提供服务的成本费用，并实现一定的利润。

2.6.3 科创板股票上市前 5 个交易日为何要放开涨跌幅限制？将会对股价产生何种影响？

科创板股票上市前 5 个交易日不设涨跌幅限制，但将第 6 个交易日之后的涨跌幅限制放宽至 20%，一方面是考虑在 2013 年之前市场化发行程度较高的情况下首发新股上市首日均曾放开涨跌幅限制；更重要的是，"没有成交量的涨停是没有意义的"，**前 5 个交易日放开涨跌幅限制，让市场充分博弈，从而使得新股上市后的股价尽快调整到相对合理的估值中枢**。因此，上交所在总结现有股票交易涨跌幅制度实施中的利弊得失基础上，尝试采用新股上市后的前 5 个交易日不设涨跌幅限制，并放宽了日常交易涨跌幅限制，这将有助于尽快形成合理价格。

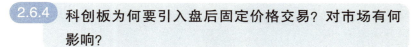

2.6.4 科创板为何要引入盘后固定价格交易？对市场有何影响？

答 盘后固定价格交易方式的引入，可以满足投资者在竞价撮合时段之外以确定性价格成交的交易需求，增加盘后固定价格交易可以成为盘中连续交易的有效补充，并有利于减少被动跟踪收盘价的大额交易对盘中交易价格的冲击，起到引导市场形成更加理性的收盘价，突出收盘价的价格信号传递作用。

2.6.5 科创板上的所有品种都有盘后固定价格交易方式吗？申报时间只能是下午收盘以后吗？申报量上有特别规定吗？

答 科创板上市的股票和存托凭证都可以进行盘后固定价格交易。

交易时间为每个交易日的 15:05 至 15:30 之间，但是，如果股票当天 15:00 仍处于停牌状态，则不能进行盘后固定价格交易。参加盘后固定价格交易申报的投资者，可以选择在每个交易日 9:30 至 11:30、13:00 至 15:30 这两个时段进行申报。

对于开市期间停牌的股票，在停牌期间也是可以申报的，如果当天复牌的，可以参加当日该股票复牌后的盘后固定价格交易；如果当天 15:00 仍处于停牌状态的，那么当天已接受的收盘定价申报无效。接受申报的时间

内，投资者可以撤销未成交的申报，但需要注意撤销指令是否成功申报。

盘后固定价格交易的申报上限量与竞价交易不同，即单笔申报数量与竞价交易一样——不能小于 200 股，但上限量增加到"不超过 100 万股"。盘后固定价格交易的即时行情是在 15:05 至 15:30 之间显示，包括显示：盘后固定价格交易当日累计成交数量、当日累计成交金额以及买入或卖出的实时申报数量。

2.6.6　科创板有没有 T+0？

　　科创板没有采用 T+0，而是与主板一样采用了 T+1 的机制。实际上，上交所在成立之初曾经实施过 T+0 交易机制，但最终因为当时市场条件不成熟，转而采取 T+1 交易制度。国内对是否实施 T+0 交易机制也是长期存在着不同意见的，此次科创板采用 T+1，是上交所经过综合评估之后的结果，更重要的是考虑了按照"稳妥起步、循序渐进"的原则，但不排除未来可能会选择在适当时机纳入 T+0 交易机制。

2.6.7　如何认定科创板交易金额最大的 5 家会员营业部？

　　上交所每个交易日会公布竞价交易下买入、卖出金额最大的 5 家会员营业部信息，主要从涨跌幅、振幅和换手率三个维度来认定。涨跌幅方面，规定日收盘价格

涨跌幅达到 ±15% 的各前 5 只股票。振幅方面，规定日价格振幅达到 30% 的前 5 只股票，价格振幅的计算公式为：价格振幅 =（当日最高价格—当日最低价格）/ 当日最低价格 ×100%。换手率方面，规定日换手率达到 30% 的前 5 只股票，换手率的计算公式为：换手率 = 成交股数 / 无限售流通股数 ×100%。如果遇到收盘价格涨跌幅、价格振幅或换手率相同的，则依次按照成交金额和成交量进行选取并公布。

2.6.8 如何认定科创板交易异常波动交易金额最大的 5 家会员营业部？

对于满足异常波动认定标准的股票，上交所将公告该股票交易异常波动期间累计买入、卖出金额最大的 5 家会员营业部的名称及其买入、卖出金额。异常交易的认定标准为连续 3 个交易日内日收盘价格涨跌幅偏离值累计达到 ±30%。收盘价格涨跌幅偏离值，是指单只股票涨跌幅与对应基准指数涨跌幅之差，其中，基准指数由上交所向市场公告。

2.6.9 科创板股票开盘价怎么产生？

根据《上海证券交易所交易规则》，一般以当日该证券的第一笔成交价格作为开盘价，不能产生开盘价的，以连续竞价方式产生。目前已发布的科创板相关细则，

尚未对科创板股票集合竞价阶段报价限制作出明确规定。

2.6.10 科创板股票集合竞价阶段报价有什么限制？

　　截至 2019 年 5 月初，已发布的科创板相关细则还没有对科创板股票集合竞价阶段报价限制作明确规定，但根据《上海证券交易所科创板股票交易特别规定》，上交所可以对科创板股票的有效申报价格范围和盘中临时停牌情形等另行作出规定，并根据市场情况进行调整。

2.6.11 科创板股票申报价格变动单位是多少？

　　科创板股票申报价格最小变动单位适用《上海证券交易所交易规则》相关规定，即科创板股票申报价格的最小变动单位是 0.01 元，同时上交所可以依据股价高低，实施不同的申报价格最小变动单位，具体事宜由上交所另行规定。

2.6.12 上交所如何认定科创板股票异常交易情形？

　　科创板的交易制度与 A 股其他板块差别较大，上市前 5 个交易日没有涨跌幅限制，第 6 个交易日开始又有20% 的涨跌幅限制。为了提醒投资者充分注意科创板股价波动风险，《上海证券交易所科创板股票交易特别规定》以及《上海证券交易所科创板股票上市规则》均对异常交易情形作了规定：

首先，没有价格涨跌幅限制的股票不纳入异常波动指标的计算，比如，上市前 5 个交易日交易的股票就不在股票异常波动的指标计算范围 内。

其次，针对有价格涨跌幅限制的股票竞价交易出现下列情形之一的，上交所将公布当日买入、卖出金额最大的 5 家会员营业部的名称及其买入、卖出金额。情形一：日收盘价格涨跌幅达到 ±15% 的各前 5 只股票。情形二：日价格振幅达到 30% 的前 5 只股票，价格振幅的计算公式为：价格振幅 =（当日最高价格−当日最低价格）/ 当日最低价格 ×100%。情形三：日换手率达到 30% 的前 5 只股票，换手率的计算公式为：换手率 = 成交股数 / 无限售流通股数 ×100%。

此外，股票竞价交易期间出现连续 3 个交易日内日收盘价格涨跌幅偏离值累计达到 ±30%，以及中国证监会或者上交所认定属于异常波动的其他情形时，上交所也将公告该股票交易异常波动期间累计买入、卖出金额最大 5 家会员营业部的名称及其买入、卖出金额。

当然，上交所可以根据市场情况，调整异常波动的认定标准。

2.6.13 科创板是否可以做空？科创板股票首日可以作为融资融券标的吗？是 T+1 交易制度吗？

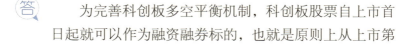

为完善科创板多空平衡机制，科创板股票自上市首日起就可以作为融资融券标的，也就是原则上从上市第

一天开始就可以通过融券的方式做空。这一制度优化，主要是为了提高市场定价效率，着力改善"单边市"等问题。同时，也对投资者借助杠杆操作，加速科创板股价向理性的价值中枢靠拢有一定帮助。

科创板融券业务仍实施 T+1 制度，这与现有 A 股其他板块一样，即客户融券卖出后自次一交易日起才可以偿还相关融入证券。

同时，在科创板转融通证券出借以及科创板转融券业务环节，上交所对出借人、中国证券金融股份有限公司（以下简称中证金融）、借入人的账户可交易余额进行实时调整，从而使借入人可实时借入证券，办理相关业务。

2.6.14 **什么叫科创板转融通证券出借？券源来自哪里？**

科创板转融通证券出借是指证券出借人以一定的费率通过上交所综合业务平台向中证金融出借科创板证券，中证金融到期归还所借证券及相应权益补偿并支付费用的业务。

证券出借人可以为符合条件的公募基金、社保基金、保险资金等机构投资者以及参与科创板企业首发的战略投资者，其可以通过约定申报和非约定申报方式参与科创板证券出借。可以出借的证券类型包括：无限售流通股、参与科创板企业首发的战略投资者配售获得的处于承诺锁定期的股票以及符合规定的其他证券。其中，参与科创板企业首发的战略投资者配售获得的处于承诺锁定期的股票，在借出期限到期后，中证金融应当将借入的股票返还给战略投资者，这部分股票归还给战略投资者后，继续按战略投资者获配取得的股份管理，也就是继续遵守相关的锁定期要求。

科创板证券出借的标的证券范围，与上交所公布的可融券卖出的科创板标的证券范围一致。

2.6.15 什么叫科创板转融券业务？科创板转融券业务证券标的名单如何确定？

 科创板转融券业务是指中证金融将自有或者依法筹集的科创板证券出借给科创板转融券借入人，供其办理融券的业务。具有融资融券业务资格，并已开通转融通业务权限且符合相关规定的证券公司，可以作为借入人通过约定申报和非约定申报方式参与科创板转融券业务，并需使用证券公司融券专用证券账户。

科创板转融券业务的证券标的名单由中证金融根据市场状况确定，在每一交易日开市前公布。

2.6.16 通过约定申报方式参与科创板转融券业务的，转融券费率和保证金是如何规定的？

 科创板推出市场化的转融券约定申报方式，引入了市场化的费率确定机制，并降低保证金比例及科创板转融券约定申报的费率差。

通过约定申报方式实施的转融券费率需要满足两大

条件：借入人申报的费率＝出借人申报的费率＋科创板转融券费率差；借入人申报的费率不得低于或等于科创板转融券费率差。其中，科创板转融券费率差按中证金融公布的标准执行，同时，中证金融可以根据市场供求等因素调整科创板转融券费率差。

中证金融可根据借入人资信情况和转融通担保证券、资金明细账户的资产情况，按照一定的综合比例，确定对借入人开展科创板转融券业务应收取的保证金。保证金比例可低于 20%，其中货币资金占应收取保证金的比例不得低于 15%。

2.6.17 通过约定申报方式参与科创板证券出借以及科创板转融券业务时，申报数量、期限以及申报交易时间的规定是怎样的？

答 通过约定申报方式参与科创板证券出借以及科创板转融券业务的，由出借人、借入人协商确定约定申报的数量、期限等要素，以提升出借人和借入人参与科创板转融券业务的意愿，满足参与者双方多样化需求，但也要符合有关业务规则的规定。

申报数量上需要满足：单笔申报数量应当为 100 股（份）的整数倍；最低单笔申报数量不得低于 1000 股（份），最大单笔申报数量不得超过 1000 万股（份）。

出借和借入期限上：可在 1 天至 182 天的区间内协商确定。

此外，交易时间上：上交所接受约定申报方式下出借人的出借申报时间为每个交易日的 9:30 至 11:30、13:00 至 15:00。约定申报当日有效。未成交的申报，当日 15:00 前可以撤销。

2.6.18 科创板转融券业务是否可以申请展期或提前了结？

如果借入人和出借人协商一致，可以申请科创板转融券约定申报的展期、提前了结，经中证金融同意后可以实施相应的展期或提前了结。

展期指令需要借入人和出借人在原合约到期日前的同一交易日向中证金融提交，提交展期或提前了结指令的时间为每个交易日的 9:30 至 11:30、13:00 至 15:00。展期或提前了结指令当日有效，在当日 15:00 前可撤销。

展期数量、期限、费率由借入人和出借人按照科创板转融通证券出借和转融券业务实施细则协商确定。

协商提前了结的，应一次性全部提前了结该笔转融券业务。提前了结时，双方可以协商调整原费率。

权益补偿方面，科创板转融券业务提前了结的，相关权益补偿一并提前了结。权益补偿日需重新计算，其中原转融券归还日为出借人和借入人商定的归还日。转融券展期的，相关权益补偿不进行展期。

2.6.19 针对科创板企业控股股东、实际控制人、董监高及核心技术人员首发前股份的减持要求是怎样的？

科创板上市规则针对特定股东（控股股东、实际控

制人、董监高及核心技术人员）设置了严格的限售、减持
要求。

锁定期要求方面：对于上市前已盈利企业：控股股
东和实际控制人锁定期为上市之日起 36 个月；核心技术
人员锁定期为上市之日起 12 个月和离职后 6 个月。对于
上市前未盈利企业：控股股东和实际控制人锁定期为上
市之日起 3 个完整的会计年度；董监高、核心技术人员
锁定期为上市之日起 36 个月。

减持要求方面：针对控股股东、实际控制人，如果
是上市前已盈利企业，则锁定期满后适用 2017 年 5 月
27 日出台的减持制度等要求，如每年竞价 + 大宗累计可
减持最大量是总股本的 12%、协议转让方单个受让方的
受让比例最低为总股本的 5% 等。如果是上市前未盈利
企业，则锁定期满后，上市之日起第 4 个和第 5 个会计
年度内，每年减持不超过总股本的 2%。触及退市不得
减持。针对董监高，适用 2017 年 5 月 27 日出台的减持
制度等要求，即在任期届满前离职的，应当在其就任时
确定的任期内和任期届满后 6 个月内，每年减持不超过
总股本的 25%；离职后半年内，不得减持。针对核心技
术人员，限售期满后 4 年内，每年减持量不得超过上市
时所持公司首发前股份总数的 25%。

2.6.20 **科创板"举牌"披露机制与主板类似吗？**

 目前科创板还没有对"举牌"披露机制作特别规定，

详细信息尚待明确。根据现行《中华人民共和国证券法》的规定，投资者及其一致行动人持有一个上市公司已发行股份达到 5% 时，应在该事实发生之日起 3 日内，向国务院证券监督管理机构、证券交易所作出书面报告，通知该上市公司并予以公告，并履行有关法律规定的义务。

2.7　退市机制

2.7.1　**科创板关于股票退市的制度是怎样的？**

　　科创板的退市制度比 A 股其他板块更加严格。科创板的退市制度主要从以下三个方面作出规定。

　　重大违法强制退市方面：这部分相关规定与目前 A 股其他板块相同，针对存在欺诈发行、重大信息披露违法或者其他涉及国家安全、公共安全、生态安全、生产安全和公众健康安全等领域的重大违法行为之一的，其股票应当被终止上市，且退市后不允许再重新申请上市。

　　退市风险警示方面需要关注两类指标。一是增加了交易类退市风险警示指标，即当出现连续 90 个交易日的累计股票成交量低于 150 万股，或者连续 10 个交易日每日股票市值均低于 3 亿元等时需要进行退市风险警示。二是需要关注财务类退市风险警示指标，如果出现最近一个会计年度经审计的扣除非经常性损益之前或者之后的净利润是亏损的，而且最近一个会计年度经审计的营业收入低于 1 亿元时，就需要进行退市风险警示。另外，当最近一个会计年度经审计的净资产是亏损的，也需要进行退市风险警示。科创板股票被实施退市风险警示期间，虽然不需要进入风险警示板交易，但该公司股票简称前需要被冠以"*ST"字样。

强制退市方面有三种情形，**一是交易类强制退市情形**：如果某公司股票出现连续 120 个交易日的累计股票成交量低于 200 万股，或者出现连续 20 个交易日股票收盘价低于股票面值、股票市值低于 3 亿元、股东数量低于 400 人等情形时，那么该公司将被强制退市。**二是财务类强制终止退市情形**，这又可再细分为两类：一类是明显丧失持续经营能力的，比如主营业务大部分停滞或者规模极小，或者经营资产大幅减少导致无法维持日常经营，再或者营业收入或者利润主要来源于不具备商业实质的关联交易等；第二类是第一年触及财务类暂停退市风险警示指标，第二年仍然触及的，则第二年直接强制退市。**三是规范类强制退市情形**：比如未能按期改正财务会计报告中的重大差错或者虚假记载、未能按期披露财务报告、被出具无法表示意见或否定意见的审计报告等退市指标、信息披露或者规范运作存在重大缺陷等。

此外，科创板不再设置重新上市的环节，取消了暂停上市和恢复上市制度。

2.7.2 在退市规则方面，科创板与主板有什么不同？

科创板退市制度总体比主板更为严格，所涉及的退

市情形更多，退市将更加彻底。比如，在退市风险警示方面，A股其他板块只有财务类的，并没有设置科创板的"交易类"风险警示指标。再比如，丧失持续经营能力且恢复的可能性不大的所谓主业"空心化"公司，将被终止上市，包括主营业务大部分停滞或者规模极小、经营资产大幅减少导致无法维持日常经营、营业收入或者利润主要来源于不具备商业实质的关联交易、营业收入或者利润主要来源于与主营业务无关的贸易业务或者其他明显丧失持续经营能力的情形。但是，对于个别退市指标的设置，又是相对宽松的，以突出科创板的特点。

其中，**在财务类指标设置上的要求，相比A股其他板块的要求更高**。比如，对于"净利润亏损"这项财务指标，A股其他板块要求最近连续两年不能亏损，而科创板只要求最近一年不能亏损（具体规定参见本题所附表格）。

而在营业收入指标上却是相反，对于A股其他板块的要求低于科创板，即A股其他板块最近一年的营业收入不能低于1000万元，而科创板则要求不能低于1亿元。上述这些差异设置，正体现了科创板在对企业降低盈利要求的同时，提高了对企业经营规模的要求。

需要注意的是，**科创板取消了A股其他板块的"暂停和恢复上市"**，对于触及财务类退市指标的，第一年实施退市风险警示，第二年若仍触及即退市。

总的来看，相比A股其他板块，科创板的退市时间更短、退市速度更快，并且退市执行力度更强。

表 2.2 主板、创业板、中小板与科创板退市规则对比

类型及标准		主板、创业板、中小板	科创板
重大违法强制退市制度		存在欺诈发行、重大信息披露违法或者其他涉及国家安全、公共安全、生态安全、生产安全和公众健康安全等领域的重大违法行为之一的，其股票应当被终止上市。	
退市风险警示	交易类	无	实施退市风险警示期间，不进入风险警示板交易。以下两种情形下，上市公司应当在次一交易日发布公司股票可能被终止上市的风险提示公告。1. 上市公司出现连续 90 个交易日实现的累计股票成交量低于 150 万股。2. 上市公司连续 10 个交易日出现下列情形之一：（1）每日股票收盘价均低于股票面值；（2）每日股票市值均低于 3 亿元；（3）每日股东数量均低于 400 人。
	财务类	（1）最近两个会计年度经审计的净利润连续为负值；（2）最近一个会计年度经审计的期末净资产为负值；（3）最近一个会计年度经审计的营业收入低于 1000 万元；（4）最近一个会计年度的财务会计报告被会计师事务所出具无法表示意见或者否定意见的审计报告；等等。	上市公司出现下列情形之一的，交易所对其股票实施退市风险警示：（1）最近一个会计年度经审计的扣除非经常性损益之前或者之后的净利润为负值，且最近一个会计年度经审计的营业收入低于 1 亿元；（2）最近一个会计年度经审计的净资产为负值。
其他风险警示		涉及多种情形，如生产经营活动受到严重影响且预计在 3 个月内不能恢复正常等。	无

续表

类型及标准		主板、创业板、中小板	科创板
暂停上市		涉及退市风险警示中的多种情形：如其股票被实施退市风险警示后，公司披露的最近一个会计年度经审计的净利润继续为负值等。	无
强制退市	交易类	涉及成交量、股票价格、股东人数、股本总额、社会公众持股比例等指标。	（1）连续120个交易日实现的累计股票成交量低于200万股； （2）连续20个交易日股票收盘价低于股票面值； （3）连续20个交易日股票市值低于3亿元； （4）连续20个交易日股东数量低于400人；等等。
	财务类	因触及财务类暂停上市风险警示指标，股票被暂停上市后，再次出现上述情形，如最近一年扣除非经常性损益前后的净利润孰低者仍为负值，期末净资产为负值，营业收入低于1000万元或者被会计师事务所出具无法表示意见，或者被会计师事务所出具否定意见的审计报告等四种情形之一。	1. 明显丧失持续经营能力，出现下列情形之一：（1）主营业务大部分停滞或者规模极小；（2）经营资产大幅减少导致无法维持日常经营；（3）营业收入或者利润主要来源于与主营业务无关的贸易业务；（4）营业务无关的贸易业务；（5）其他明显丧失持续经营能力的情形。 2. 第一年触及财务类暂停退市风险警示指标，第二年仍然触及。
	规范类	公司被依法强制解散，公司被法院宣告破产，因出现重大违法强制退市情形，其股票被暂停上市的，上市届满6个月；未及时提出恢复上市申请，恢复上市申请未被受理或申请未被受理同意。	未按规定改正财务会计报告中的重大差错或者虚假记载，未按期披露财务报告，被出具否定或无法表示意见或者否定意见审计报告等，信息披露或者规范运作存在重大缺陷等。
恢复上市		可以	无
重新上市		可以	无

资料来源：上交所、申万宏源研究。

2.7.3 科创板退市的流程是怎样的？

　　科创板上市公司退市分为被动退市和主动退市两种情形。所谓被动退市是指因触及重大违法强制退市、交易类强制退市、财务类强制退市、规范类强制退市的相关规定而被交易所作出终止退市决定；所谓主动退市是指上市公司因多种原因主动撤回其股票在交易所的交易。两者在具体的退市流程上也有所区别。

　　被动退市流程较复杂。当科创板公司触及退市风险后，如果再触及强制退市流程，那么在强制退市情形未及时消除时，上交所的上市委员会将对是否实施强制退市进行审议；如果审议作出实施强制退市的决议，则上市公司可以在收到终止上市事先告知书后的 5 个交易日内提出听证的要求，上市委员会在程序结束后的 15 个交易日内作出决议；如果上市委员会维持强制退市的决议，则公司股票经过 30 天的退市整理期后进入股转系统进行最后的交易。

　　主动退市没有听证环节，流程相对简单。上市公司提出退市计划，然后提请股东大会审议；如果审议通过，则上市公司向交易所提交主动终止上市申请文件，5 个交易日内，交易所作出是否受理的决定；如果受理，那么交易所在受理申请之日后的 15 个交易日内根据上市委员会的意见作出是否同意上市公司股票终止上市的决定，交易所在公司公告股票终止上市决定之日起 5 个交易日

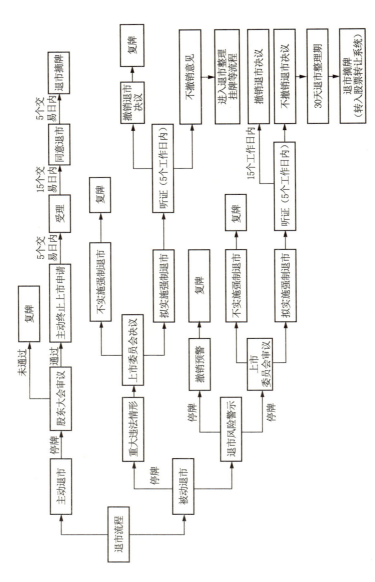

科创板退市流程图

资料来源：上交所、申万宏源研究。

内对上市公司股票摘牌，公司股票终止上市。但如果一开始上市公司提出的退市计划未通过股东大会审议，那么公司股票将复牌恢复交易。

2.7.4　科创板退市是否存在 ST 制度？

　　科创板上市公司股票被实施退市风险警示的，也要在公司股票简称前加上"*ST"字样，以区别于其他股票，但与 A 股其他板块不同的是，在退市风险警示期间，科创板股票**不进入风险警示板交易，不适用风险警示板交易的相关规定。**

2.7.5　科创板企业退市后原股东的股票如何处理？

　　上市公司股票退市后，不同的退市方式对于退市后的原股东的股票处理也有差别。

　　上市公司股票被动终止上市的，公司股票将不能申请重新上市。公司股票将自公告终止上市决定之日起 5 个交易日后的次一交易日复牌，进入退市整理期交易。退市整理股票的简称前冠以"退市"标识，**但不需要进入上交所风险警示板交易。**退市整理期的交易期限为 30 个交易日，退市整理期结束后 5 个交易日内，交易所对公司股票予以摘牌，公司股票终止上市，并转入股份转让场所挂牌转让，股份转让场所可以为全国中小企业股份转让系统或者上交所认可的其他转让场所，上市公司需要保证公司股票在摘牌之日起 45 个交易日内可以挂牌

转让，上市公司股票退市整理期的交易信息披露、交易时段等其他事宜，可以参照《上海证券交易所股票上市规则》等的相关规定。

上市公司股票主动终止上市的，上交所在公司公告股票终止上市决定之日起 5 个交易日内对其予以摘牌，公司股票终止上市，**不进入退市整理期交易**。公司及相关各方应当对公司股票退市后的转让或者交易、异议股东保护措施等作出妥善安排，从而切实保护投资者特别是中小投资者的合法权益。主动终止上市公司可以选择在股份转让场所转让其股票，或者依法作出其他安排。

2.7.6 **上市时没有盈利的企业，如何适用退市规则？**

根据科创板上市规则中财务类强制退市规则的规定，"最近一个会计年度经审计的扣除非经常性损益之前或者之后的净利润为负值，且最近一个会计年度经审计的营业收入低于 1 亿元"时其股票需实施退市风险警示，**也就是说，相应的净利润和营业收入标准要同时满足才会被实施退市风险警示。换言之，对于亏损的上市企业，在上市后如果未能扭亏，但是最近一个会计年度经审计的营业收入大于 1 亿元，也不用被实施退市风险警示。**

对于研发型上市公司，也就是适用上市规则中的第五套市值（40 亿元）及财务指标的上市公司，自上市之日起第 4 个完整会计年度起才需要适用前述盈利相关的退市规定。而如果前述研发型上市公司的主要业务、产品或者所依赖的基础技术研发失败或者被禁止使用，且公司没有其他业务或者产品符合五套上市规则的第五项市值规定要求的，那么交易所将对其股票实施退市风险警示。

　　根据以上的分析，我们认为，对于不适用上述第五套市值标准，且上市前亏损的科创板企业来说，如果上市第一年没有实现扭亏，并且最近一个会计年度经审计的营业收入低于 1 亿元，则需要对其实施退市风险警示，如果第二年仍然触及相应的强制退市标准，则将被实施强制退市流程。

2.8 科创企业投资价值的把握

2.8.1 **投资者可以从哪些渠道获取有关科创板上市公司的研究报告？**

 投资者一般由以下几个途径可以获得上市公司的研究报告：

（1）各家券商的新媒体平台，例如某某券商的公众号、某某券商的 APP 平台（如申万宏源的云聚）；

（2）某些金融数据终端访问研报平台，例如 Wind 资讯终端、同花顺终端、Choice 资讯终端等；

（3）第三方研究网站或者报告汇集平台，例如慧博智能策略终端等。

此外，投资者也可以通过开户的券商营业网点定向获得该券商的研究报告。

2.8.2 **如何快速了解一家公司，具体包括哪些方面？**

 投资者可以通过阅读招股说明书和券商发布的投资价值研究报告快速了解一家公司。从投资指导的角度，投资者在阅读时建议关注：**公司的主营业务构成、过往经营成果、行业地位、技术水平**，比如，可重点关注招股说明书中"经营成果分析"、"行业技术水平及特点"等章节；**公司的竞争优势、竞争劣势**，比如，可重点关注招股说明书中"公司的竞争优势和劣势"章节；**公司所处行业的发展前景、公司未来的增长空间**，比如，可重点关注投资价值研究报告中的行业分析及公司估值部分、招股书中的"管理层讨论"等章节；**公司的投资风险**，比如，可参阅招股说明书"风险提示"等章节。

2.8.3 科创企业的科技创新能力是如何界定的？

对于科创企业的科技创新能力是否符合科创板的标准，**主要由四个参与机构界定**，一是发行人，发行人需要根据相关的规定进行自我评估；二是保荐机构，负责项目的保荐代表人对发行人的技术进行专业判断；三是交易所，交易所的审核部门会对发行人的技术予以关注；四是科技创新咨询委员会，当审核部门对于发行人的技术需要作进一步的了解判断时，可向科技创新咨询委员会进行专业咨询。

具体的评估方式主要有六个"是否"：①是否掌握具有自主知识产权的核心技术，核心技术是否权属清晰、是否国内或国际领先、是否成熟或者存在快速迭代的风险；②是否拥有高效的研发体系、是否具备持续创新能力，是否具备突破关键核心技术的基础和能力；③是否拥有市场认可的研发成果；④是否具有相对竞争优势；⑤是否具备技术成果有效转化为经营成果的条件，是否形成有利于企业持续经营的商业模式，是否依靠核心技术形成较强成长性；⑥是否服务于经济高质量发展，是否服务于创新驱动发展战略、可持续发展战略、军民整合发展战略等国家战略，是否服务于供给侧结构性改革。

2.9 科创企业的估值方法

2.9.1 **科创企业的估值方法有哪些?**

  科创板中将有不少上市公司具有盈利不稳定、商业模式比较新颖等特点,很难用传统的方法进行估值,有些新兴行业甚至在 A 股市场上找不到可以参照的公司。因此,具体采用何种估值方法,目前市场也是存在各种探讨,并没有定论,大致有:根据企业本身的特点,如业务类型、行业属性等来进行分类估值,或者根据企业所处的不同生命周期角度来寻找合适的估值方法。

  另外,对于境内同股同权的科创企业的估值,也可以参照五套上市标准分别采用不同的估值方法。比如,对于满足第一套上市标准,即已形成稳定商业模式且已实现盈利的企业,可以综合运用同行业可比公司的 PE、PB 等多种相对估值指标以及 FCFF 等绝对估值法;对于满足第二套和第四套上市标准,即尚未盈利,但营收稳定的企业,可以综合运用 FCFF 等绝对估值法以及总市值、PS 等相对估值指标;对于满足第三套上市标准,

即尚未盈利，但现金流稳定为正的企业，可以重点运用
FCFF 三阶段绝对估值法，可考虑实现率等相对估值法；
对于满足第五套上市标准，即尚未盈利、现金流为负、
营收也不稳定的企业，主要运用 FCFF 三阶段、EVA、
重置成本法等绝对估值法，生物医药企业可运用风险调
整型现金流折现法。

2.9.2 不同发展阶段的科创企业适用什么估值方法？

 我们基于"驱动力 vs 生命周期"的分析框架，对处
于不同生命周期的科创板企业提出如下估值方法：

概念期：VM 指数和实物期权法较为适用。

概念期企业往往尚无正式产品或服务，仍属战术博
弈阶段，此时适用 VM 指数（VM 指数 = 本轮投前估
值 / 前轮投后估值 / 两轮之间间隔月数）作为企业估值扩
张速度的表征，VM 指数原则上不应超过 0.5，且一般呈
现出随着融资轮数增加而逐轮下降的趋势。此外，概念
期的企业处于发展初期，未来存在很大的不确定性，使
用现金流折现时折现率很高从而导致估值偏低，但不确
定背后除了风险同样蕴含着机会，引入实物期权的概念
有利于更好评估早期企业价值。典型案例可见研发期的
创新药公司。

导入期：行业空间和客户价值的评估是关键。

导入期企业新产品刚刚投入市场，规模不大且业务
单一，不确定性极强，这一阶段的估值是定性与定量的

结合。以互联网行业为例，导入期的互联网企业需要考虑估值五要素，分别为客户数、客户网络效应、客户互动因子、企业团队价值以及初始投资成本，非线性的发展模式下对于行业空间的测算和客户价值的评估需要结合定性与定量思维。典型案例可见云计算公司。

成长期：业绩增速是王道。

进入成长期后，企业规模不断扩大，产品和服务不断丰富，企业处于高速发展阶段，根据企业是否跨过盈亏平衡点可分别用 PEG 和 PS 估值。典型案例可见互联网零售公司。

成熟期：盈利和现金流是基础。

进入成熟期的企业形成了完整的产品结构并稳定地进入市场销售，销售增长速度缓慢直至转而下降，分红也较为稳定，这一阶段是各类估值方法最为通用的阶段，实践中常用的 DCF、PE/PB/PS、EV/EBITDA 和 NAV 等估值方法均适用。

衰退期：当下重于未来，重置成本法是最好选择。

2.9.3　亏损企业怎样估值？

发达资本市场中，亏损企业上市是常态，但中国直到有了科创板，才允许亏损企业上市。

美国的纳斯达克全球精选层从 2012—2016 年五年间的新上市公司，亏损公司数：盈利公司数为 1∶1.34，可见，亏损企业在美国上市是常态。但在中国资本市场，根据《中华人民共和国证券法》要求，企业上市必须符合"有持续盈利能力"要求，持续盈利也就意味着已经产生利润，而且能持续产生利润，这就要求企业必须盈利。这条规定的初衷是为了筛选出经营风险较小的公司上市，使资本市场更加稳定，但也因此错失了大量优质企业，特别是许多处于亏损状态的互联网、人工智能、芯片制造等优质公司，不让它们上市，也就意味着它们无法低成本地大规模融资，不利于产业发展。于是国务院根据《中华人民共和国证券法》规定，特别设立了科创板，允许亏损公司上市。

亏损公司定价是个难题，根据不同亏损原因需要有不同的应用方法。

企业亏损意味着不能用 PE 等传统估值方法对其估值。而对于轻资产、高新技术行业来说，显然也不能用 PB 对其估值。对科创类的亏损企业来说，用 PS、EV/EBITDA 等方式进行估值都是可能的，但也需要进行调整。

我们把企业亏损的原因分为四类，分别建议不同的估值方法。

（1）一次性事件。例如减值或灾害等，可加回亏损和减值，再用 PE 等方式估值。不过减值会侧面反映管理能力，应考虑估值折价。

（2）经济周期因素导致的亏损。这种更多出现在周期性行业中，可用 PB 等方式进行估值。

（3）过度举债造成亏损。可以假设其财务改善，如融资降低负债后，可以达到更好的经营状态。因此，可以用 EBIT（将利息费用加回）进行估值，如果公司经营恶化，可以用清算价值进行估值。

（4）经营策略和商业模式 / 周期导致的亏损，科创板公司当属这类。这类公司的估值可用 PS、EV/EBITDA、P/FCF、市值 / 用户数、知识产权评价、期权估值等方法，也要注意研发投入等对这些方法下的估值有一定的影响，比如 R & D 高的企业，可能相对的 PS 高一点。

用研发费用加回调整后的自由现金流（FCF）来给亏损企业估值。

亚马逊的经典案例表明，FCF 对有扩展性的亏损公司定价十分有效，调整后的 P/FCF 可以降低至 20 倍以下，能够更有力地解释其估值。

亚马逊从 2015 年开始盈利，其 FCF 一直表现优异，实现 5 年 10 倍增长。运营资本持续优化，应付账款持续增长，应收账款持续减少，反映其在产业链上极强的议价力。研发投入逐年递增，且基本在当年费用化，股权激励中也有大量对研发人员的激励费用。大量的研发费用被证明有效，是可以考虑在 FCF 中进行加回的，从而间接提高了公司的高估值。

亏损企业估值有难度，应该适当谨慎。

成熟理性的市场中，投资者对于亏损企业与非亏损企业一视同仁。美国纳斯达克上市的公司，亏损上市组

与非亏损上市组在三年中的涨幅没有太大的差别。

但是亏损企业多数行业比较新，处于生命周期早期，估值失去了利润的锚，很可能会造成部分企业估值偏高。美国历史数据表明一级市场的 EBITDA/EV 从未低于二级市场。中国创新企业上市后破发，市值低于上市前估值的情况屡见不鲜。此外，越小市值越难以定价，越容易产生估值偏差。我们认为，对于在一级市场已经有高估值的公司需特别谨慎，科创板同样适用。

2.9.4　信息技术行业的科创企业应该怎样估值？

计算机行业往往与高成长绑定在一起，计算机的产品往往是不同下游的信息化。我们将 TMT 产业划分为六阶段：概念期、导入期、成长向上期、成长整合期、成熟期、衰退期，然后分析每阶段易被高低估的原因。从上市财务指标来看，科创板同股同权的五套标准与港股的三类测试类似，可对应 TMT 产业六个阶段。从竞争角度看，企业竞争排名的变化，会导致估值大幅变化。最后关注风险偏好，低风险偏好相信产业更成熟，高风险偏好相信产业更崭新。

对于 TMT 企业，尤其是科创板企业，允许存在一定量的亏损或微利，常用的普适性估值方式并非完全适合，应当针对不同发展阶段，构建跨越生命周期的估值体系。VM 指数、实物期权法适用于概念期的企业，导入期的关键指标看行业空间和客户价值。对于尚未盈利

102

的公司看 PS；当收入趋于稳定，利用 PE/PEG 估值，是以利润（增长）为目标；EV/EBITDA 修正了利润影响因素；DCF 估值适合部分现金牛业务；P/OCF 估值修正收入—回报错配。部分成熟电子行业采用 PB 估值；对于 TMT 个别行业，电商以 GMV 估值为主；产品型公司可采用 Pipeline 估值；以流量为主的互联网企业采用单用户市值方式；以券商 IT 为主的公司适用于下轮牛市估值。对于多业务板块，整体采用 STOP（分部估值）。随着企业发展到不同阶段，估值方式也随之改变。

近年来出现 SaaS 新的业务模式，传统的估值方式并不能完全表征公司的价值。传统软件向 SaaS 转型的过程中，收入增长较快，这背后隐含着高利润率、持续的经常性收入、稳定的现金流，这些特征被初期高投入成本所掩盖。常用 PS 估值，但 PS 估值忽略了盈利能力，无法区别不同的商业模式，也无法区别不同增速的公司。进一步采用 EV/FCF 估值，自由现金流可以较好地表征经常性收入的潜在指标，但是短期可能存在自由现金流为负的情况。最终，需要利用 LTV/CAC 衡量公司的长远发展能力。

在估值时投资者需要关注公司的短暂波动性、成长的周期性，避免造成不同原因的高估或是低估。

2.9.5　创新药企业的科创企业应该怎样估值？

 纳斯达克孵育了安进、再生元等一批优质的创新药

公司，未来的中国创新药企业也将在科创板茁壮成长。然而，因为创新药研发周期比较长，一般需要 5—8 年的时间；而在研发投入方面也需要大量投入，一般需要 2—5 亿元；更需要注意的是，在研发投入之后，项目的成功率也很低，一般也只有 8%—20%，所以，创新药企业获得盈利需要较长的周期。基于创新药企业的这些特点，无法完全用传统估值方法对它们进行估值。因此，我们根据这类企业的特点，建议采用 DCF 结合期权定价模型为创新药企进行估值。

对创新药企业进行估值，可以分为两步：第一步，先计算创新药成功上市后的 NPV，主要方法为 DCF，即通过查阅文献和市场调研确定药物的患者流、用药金额、市场格局等指标，再将药物未来每年给公司带来的现金流进行折现并加总；第二步，对于尚处在研发过程中的创新药，可以将创新药的研发过程看作一个看涨期权能否行权的过程，用二叉树模型进行定价，主要假设参数为临床试验成功率与临床试验费用等。

在估值时，投资者还需要特别关注药物研发可能存在着的失败风险，以及医疗政策变动带来的风险。

2.9.6 **环保行业的科创企业应该怎样估值？**

 根据政府规划，我们预计"十三五"环保整体市场空间可达 7.8 万亿元，截至 2019 年 5 月初，已有 24 个省级行政单位将环保定义为战略新兴产业或制定环保产业发展方案，环保行业仍处在成长阶段。在投资支出方面我国环保投资占 GDP 比重为美国 20 世纪 70 年代水平，还有一定提升空间。

在估值方面，我们认为不同商业模式下，公司的估值方法应有不同。首先对于环保综合类服务公司，由于其在承接政府大型项目时需要先进行垫资，因此短期承接项目越多，资金压力越大，投资者更应该关注公司项目的长期现金流回报，这类公司我们建议用 DCF 进行估值。其次，我国环保公司中，小型设备生产公司居多。由于当前政府进行环保招标时倾向于整体招标，对公司综合服务能力要求提升，当前较多公司在向综合服务公司转型。在转型初期，市场对公司的竞争力具有疑虑，但当该类公司综合业务订单进入密集爆发期后，公司竞争力不断获得认可，估值也会出现明显提升，这类公司我们建议用 PE 法进行估值。最后有些公司开展了智能环保业务，但是智能环保业务的营收占比有差异，我们建议采用分部估值的方法进行估值，即智能环保部分可以参考互联网公司估值，传统业务部分类比环保设备和环保工程公司进行估值。

环保行业的估值风险主要有应收账款回收慢于预期，以及获取订单不稳定的风险。

2.9.7　高端装备行业的科创企业应该怎样估值？

高端装备制造业资产较重、行业内寡头垄断，企业

存在累进式创新的特征，因此企业难以短期高速成长，也不能用初期的高增速推测长期的高增速。企业发展空间的估算可以采用市场空间 × 市占率估算，同时需注意企业资本开支的能力与节奏。高端装备制造业企业 ToB 特征显著，模式与组织创新不是主要驱动力，产品为企业核心竞争实力。

目前我国高端装备制造业处于不断实现进口替代过程，技术需要长期积累与不断创新，后发企业难以实现快速技术赶超。大多数企业均有成熟的 A 股与海外对标标的，企业的发展空间、盈利能力、技术路径均有迹可循。

由于产品边际成本较高且存在工艺稳定性与良品率不足的问题，"模式创新"与"规模效应"并非决定性因素，因此难以采用 VM 指数、PSG 等估值方法。另外，由于装备制造业周期性较强，企业难以长期稳定增长，DCF 模型难以适用，但 DCF 方法对公司未来成长性判断可提供一定参考。高端装备制造业公司处于估值体系中"成长期"与"成熟期"，估值方法宜采用 PE/PB 和 PEG 估值。

科创板高端装备公司参照对标公司的 PE 水平，结合成长期确定溢价 / 折价进行估值。PEG 方法不常用于估值，但成长阶段的 PEG 水平可为扩产关键期的标的提供定价依据。未盈利的设备标的结合 ROE 预期采用 PB 估值法，参照对标公司的 PB 情况，考虑商业模式、技

术水平等导致的预期 ROE 差异，给出 PB 估值的溢价 /
折价，进行估值修正。二级市场中的长期价值投资者，
对尚处于发展早期的设备公司，可类比一级市场的退出
PE 法进行估值，对发行询价进行反馈。

科创板高端装备公司的估值方法在 A 股二级市场中
较为常见，但高技术水准与较为早期的成长阶段，使得
科创板装备公司的成长可能性更高，二级市场投资者可
分享高速成长阶段的收益。

估值风险方面，由于不同公司有其独特性，有时候
难以找到一致度比较高的可比公司，因此会对估值带来
一定的困扰。有时，对标公司的估值会因为科创板的反
身性被扰动，估值水平可能会小幅偏离市场的真实水平。

2.9.8 **高端制造行业的科创企业应该怎样估值？**

高端制造业的发展周期一般可分为：导入期、快速
增长期和成熟期。我们利用 PB-ROE 估值框架复盘当升
科技公司上市以来的估值波动，并总结带有周期成长性
质的制造业公司，我们认为可以把握两轮投资机会：一
是新产品周期带来的 ROE 与 PE 的双击；二是预期波动
带来的定价偏差。公司上市前两年经历消费类电池正极
材料成熟期，激烈竞争导致 ROE 下行带动 PB 的持续下
跌；2012 年年底开始动力电池正极材料进入导入期，政
策支持驱动估值先行上涨，股价相对深证成指累计超额
收益最高达到 292%；2015 年年底动力正极材料迎来快

速增长期，**PB** 与 **ROE** 双击，使得股价上涨 4 倍。

PB-ROE 框架能够从定性方面对上市公司估值进行横向（可比公司）和纵向（历史阶段）比较，但该框架较难解释成熟期内公司股价的宽幅波动。我们用 **FCFF** 模型量化分析后发现，公司未来高速成长阶段的复合增长率和未来稳态盈利能力假设的小幅波动，都会带来公司长期价值的宽幅波动，这实际上反映的是市场对于公司未来成长空间和竞争力的预期变化。未来新能源汽车标的在科创板上市后，细分环节龙头公司的业绩持续增长有望提升市场的乐观预期，从而带来整个行业的价值重估机会。

在估值时，投资者还要特别关注政策波动带来的风险，以及竞争格局带来的盈利预期变化。

2.9.9 新材料行业的科创企业应该怎样估值？

新材料是支撑技术革命进步的基石，全球范围内发达国家占据领先地位，我国则相对落后。2016 年年底国家新材料产业发展领导小组成立，为我国新材料产业发展统筹规划，协调发展奠定基础。同时国内高新技术产业正在兴起，叠加《瓦森纳协定》对关键领域的封锁，国内研发强度持续提升。对于需求端，我国承接海外制造业产能转移，自身高端工业能力同步加强，需求高增长确定。科创板成立将为具备核心竞争力的企业提供直接融资机会，鼓励科学变现。政策、研发、需求及资本

"四重"利好推动国内新材料产业快速发展，相比于海外成熟企业，国内企业应当享受更高的估值水平。

根据新材料企业所处生命周期可选用不同估值方法。处于概念期、萌芽期阶段的，主要依靠市场空间估算法，该阶段产品量少，毛利率较低，由于企业盈利状况较差，估值反而最高；对于前期处于导入期尚未实现盈利，但收入已经出现快速增长趋势的，可按 PS 估值；跨过盈亏平衡点，业绩进入高速增长期，可按 PEG 估值；对于处于成熟期具备稳定盈利能力的企业，适用 PE 或 EV/EBITDA 估值；此外结合公司所处行业趋势、公司地位以及毛利率水平判断，可以给予一定的估值溢价。

新材料行业的风险，一般主要有新材料研发不达预期而失败，或者客户推广方面比预期要缓慢，另外，就是可能遭遇被新技术替代的风险。

2.10　投资者保护

2.10.1　投资者可以通过哪些渠道维护自己的权益？

　　投资者需要全面掌握法律赋予的股东权利，做到"全面知权、积极行权、依法维权"。在买入科创板公司股票后，当自身合法权益受到侵害时，可以通过法律的渠道来维护自己的权益，要积极行使知情权、质询权、建议权、表决权、诉讼权等股东权利。

　　具体维权渠道方面，投资者可以将相应侵权行为上报中国证监会证券期货违法违规行为举报中心，触及刑法的，也可以向公安部门举报，相关的赔偿事项可以向中国证券投资者保护基金有限责任公司咨询。

2.10.2　退市赔付机制是怎样的？

　　截至 2019 年 5 月初，科创板的相关规则尚未明确退市赔付机制。按照科创板退市相关规则，退市上市公司及相关各方应当对公司股票退市后的转让或者交易、异议股东保护措施等作出妥善安排，保护投资者特别是中小投资者的合法权益。

2.10.3 对于企业虚假上市，投资者可以维权吗？

根据《中华人民共和国刑法》（以下简称《刑法》）第 160 条和第 161 条的相关规定，企业虚假上市属于违法行为，遇到这种情况，投资者可以通过法律途径维权，举报违法虚假上市的企业。

《刑法》第 160 条，欺诈发行股票、债券罪。在招股说明书、认股书、公司、企业债券募集办法中隐瞒重要事实或者编造重大虚假内容，发行股票或者公司、企业债券，数额巨大、后果严重或者有其他严重情节的，处 5 年以下有期徒刑或者拘役，并处或者单处非法募集资金金额 1%—5% 的罚金。单位犯前款罪的，对单位判处罚金，并对其直接负责的主管人员和其他直接责任人员，处 5 年以下有期徒刑或者拘役。

《刑法》第 161 条，违规披露、不披露重要信息罪。依法负有信息披露义务的公司、企业向股东和社会公众提供虚假的或者隐瞒重要事实的财务会计报告，或者对依法应当披露的其他重要信息不按照规定披露，严重损害股东或者其他人利益，或者有其他严重情节的，对其直接负责的主管人员和其他直接责任人员，处 3 年以下有期徒刑或者拘役，并处或者单处 2 万元—20 万元罚金。

2.10.4 科创板企业本身风险因素有哪些？需要特别注意哪些方面的风险？

科创板企业本身风险因素包括技术风险、经营风险、

内控风险、财务风险、法律风险等。

技术风险：如技术被淘汰或被替代、技术泄密、核心技术人员流失，导致公司的核心技术竞争优势丧失，甚至被市场淘汰等风险。**经营风险**：如市场竞争压力增大、业务扩张受阻、原材料成本上升等导致业绩增长乏力等风险。**内控风险**：如核心管理层不稳定、内部控制制度实施不严等风险。**财务风险**：如研发费用和融资费用上升导致净利润降低，应收账款发生坏账等风险。**法律风险**：如核心产品未能持续获取批文、新产品质量等不符监管要求、核心专利设计侵权等风险。**外汇风险**：如海外业务由于汇率变化导致营收和利润减值等风险。**国际贸易摩擦风险**：如核心原材料来自海外且被实施贸易管制措施导致成本上升甚至短期无法获取核心原材料、主要出口商品被采取加征关税等贸易壁垒措施等风险。

对于科技创新企业，**一定要特别注意它的技术风险**，了解企业技术水平是否真的达到了科创板定位并有持续的自主创新能力。同时，对于科技创新类企业而言，公司创始人及高管、核心技术人员的稳定性对于公司经营稳定性和发展持续性至关重要，需要关注公司对核心技术人员和高级管理层的激励措施。

2.11　投资风险提示

2.11.1 **科创板新股网下申购过程中需要注意哪些操作规范类的风险？**

　　为了对网下投资者在申购过程中的行为进行规范，中国证券业协会发布了网下投资者自律管理规定：网下投资者或配售对象在一个自然年度内有下述所规定的**一种情形的，中国证券业协会将其列入黑名单6个月，出现单种情形两次（含）以上或两种情形以上，中国证券业协会将其列入黑名单12个月。**多次违规情节严重的，加重处罚，中国证券业协会一年内不接受该网下投资者注册新的配售对象；情节特别严重或造成重大不良影响的，取消该投资者新股网下询价资格，三年内不得注册为网下投资者。被列入黑名单的配售对象，不得参与科创板、主板、中小板、创业板的首次公开发行股票网下询价。

　　具体情形为：使用他人账户报价、同一投资者使用多个账户报价、网上网下同时申购、与发行人或承销商串通报价、委托他人报价、无真实申购意图进行人情报价、故意压低或抬高价格、提供有效报价但未参与申购、投资者之间协商报价、不具备定价能力，或没有严格履行报价评估和决策程序、未能审慎报价、机构投资者未建立估值模型、不符合配售资格、未按时足额缴付认购资金、获配后未恪守持有期等相关承诺，以及中国证券业协会规定的其他情形。

其中，被列入黑名单最多的情形为**网上网下同时申购、提供有效报价但未参与申购和未按时足额缴付认购资金。提醒网下申购投资者注意上述风险，避免被列入黑名单。**

2.11.2 科创板交易环节需要注意哪些风险？

 科创板交易环节需要注意以下三种风险：**首先，科创板股票上市后可能存在股价波动较大的风险。**一方面，科创板企业普遍具有技术新、前景不确定、业绩波动大、风险高等特征，市场可比公司较少，传统估值方法可能不适用，发行定价难度较大；另一方面，科创板股票竞价交易设置较宽的涨跌幅限制，首次公开发行上市的股票，上市后的前5个交易日不设涨跌幅限制，其后涨跌幅限制为20%，投资者应注意放宽的涨跌幅限制可能存在产生股价波动的风险。**其次，科创板股票上市首日即可作为融资融券标的，投资者应注意"两融"相关风险。此外，科创板股票交易盘中临时停牌情形和严重异常波动股票核查制度与上交所主板市场规定不同，投资者应**当关注相关的风险。

2.11.3 科创板退市环节需要注意哪些风险？

　　科创板退市制度较 A 股其他板块更为严格，退市更彻底。除了重大违法强制退市制度外，还详细规定了交易类、财务类以及规范类强制退市指标，指标规定相比 A 股更细更严。尤其需要注意的是针对明显丧失持续经营能力的上市公司，满足一定条件的，将对其股票启动退市程序。上市公司股票被终止上市的，不得申请重新上市，也取消了暂停上市。虽然在退市制度更严的背景下，与投资者保护相关的退市赔付等制度后续也将完善，但一旦所投资的股票进入退市流程，仍然面临退出难度较大、成本较高的风险。而且从长期来看，注册制下壳资源将处于下降通道。

2.11.4 如何防范科创板股票的投资风险？

　　参与科创板投资的规则和逻辑将与目前 A 股其他板块有较大差别，投资风险也更高，投资者需结合自身风险承受能力和投资实力理性参与。

　　针对科创板企业本身的投资风险，在不断提升自身投资研究能力的同时，也可以更多地借鉴和对比多家投研实力较强的包括券商在内的机构研究成果，有条件的情况下，加大对拟投资企业的调研力度和深度。

　　针对科创板新股申购环节的投资风险，建议针对网下申购投资者建立完善的网下申购流程管理机制，避免低级错误影响网下申购。

针对科创板交易环节的投资风险，投资者应设置好止盈止损阈值，并理性遵守既定的交易纪律。针对风险承受能力较低的中小投资者，可以考虑以投资基金的方式参与科创板投资。

针对科创板退市环节的投资风险，建议投资者谨慎参与主业空心化、绩差且经营运作严重不规范的科创板股票。

2.11.5　投资者在参与科创板股票交易前，还有哪些需要了解的事项呢？

　投资者应当要学习科创板制度规则，了解哪些规则跟 A 股现行规则有差异，充分了解科创板股票交易风险事项、境内法律和上交所业务规则，结合自身风险认知和承受能力，审慎判断是否参与科创板股票交易。

投资者在首次委托买入科创板股票前，还应当以纸面或电子形式签署《科创板股票交易风险揭示书》(以下简称《风险揭示书》)。如未签署《风险揭示书》，证券公司将不接受投资者的申购或者买入委托。

还要提示投资者注意的是，《风险揭示书》的揭示事项仅为列举性质，未能详尽列明科创板股票交易的所有风险，投资者在参与交易前，应当认真阅读有关法律法规和上交所业务规则等相关规定，对其他可能存在的风险因素也应当有所了解和掌握，并确信自己已做好足够的风险评估与财务安排，避免因参与科创板股票交易遭受难以承受的损失。

2.12 其他事项

2.12.1 科创板企业是否可以被借壳？是否可以跨界重组？

 监管机构将严格限制通过并购重组"炒壳"、"卖壳"。科创板公司的并购重组应当围绕主营业务展开，标的资产应当符合科创板的定位，并与上市公司主营业务具有协同效应。

2.12.2 建议以何种途径参与科创板投资更为合适？

 中国证监会将指导上交所针对创新企业的特点，在资产、投资经验、风险承受能力等方面加强科创板投资者适当性管理，引导投资者理性参与。

对于投资经验较为丰富、风险承受能力较强，且满足科创板投资要求的投资者可以选择直接投资科创板。而对于投资经验较为匮乏、风险承受能力不高的中小投资者，鼓励通过公募基金等方式参与科创板投资，分享创新企业发展成果。具体投资途径可以参见本书 2.1.6 的回答。

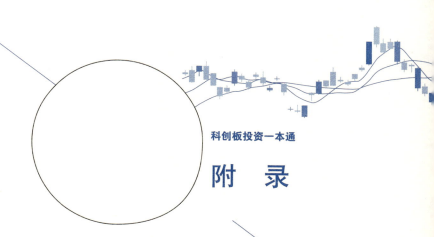

科创板投资一本通

附　录

科创板所涉最新前沿技术、高新技术介绍

计算机与通信

云计算

技术定义：

云计算是一种基于互联网的计算方式，通过这种方式，共享的软硬件资源和信息可以按需求提供给计算机各种终端和其他设备。云计算服务具备以下几条特征：随需应变自助服务、随时随地用任何网络设备访问、多人共享资源池、快速重新部署灵活度、可被监控与量测的服务。目前云计算已经是一项相对成熟的互联网技术。

技术分类：

按照部署模型分类：公有云、私有云、混合云。按照服务模式分类：基础设施即服务（IaaS）、平台即服务（PaaS）和软件即服务（SaaS）。

技术基础：

云计算的基础是虚拟化技术，包括硬件虚拟化、内存/存储虚拟化、桌面虚拟化、数据库虚拟化等。主流虚拟化技术公司为VMware、Citrix、微软等，国内云宏、华为等厂商也在追赶。

涉及科创板受理企业举例：卓易科技、优刻得、宝兰德

参考资料：*Wikipedia*。

SaaS（软件即服务）

技术定义：

SaaS（软件即服务）是一种软件交付模式，软件仅需透过互联网，而无需通过安装即可使用。用户通常使用精简客户端经由一个网页浏览器来访问软件即服务。SaaS 可建立在公有云上，也可以用于私有云。

技术优点：

（1）按需购买；

（2）无需过多软硬件安装服务以及额外的软硬件成本；

（3）可实现一定程度的定制化；

（4）交付快、成本低；

（5）方便实现多地、多平台接入和群体协作。

参考资料：*Wikipedia*。

视觉人工智能技术

技术定义：

机器视觉是人工智能正在快速发展的一个分支。机器视觉系统是通过机器视觉产品（即图像摄取装置，分 CMOS 和 CCD 两种）将被摄取目标转换成图像信号，传送给专用的图像处理系统，得到被摄目标的形态信息，根据像素分布和亮度、颜色等信息，转变成数字化信号；图像系统对这些信号进行各种运算来抽取目标的特征，进而根据判别的结果来控制现场的设备动作。

技术特点：

提高生产的柔性和自动化程度。在一些不适合于人工作业的危险工作环境或人工视觉难以满足要求的场合，常用机器视觉来替代人工视觉；同时在大批量工业生产过程中，用人工视觉检查产品质量效率低且精度不高，用机器视觉检测方法可以大大提高生产效率和生产的自动化程度。而且机器视觉易于实现信息集成，是实现计算机集成制造的基础技术。

技术应用：

从目前的落地进展来看，在移动互联网、安防、零售、物流、医疗、无人驾驶等场景发展较快。

技术趋势：

提高预测精度，降低数据标注成本，随着技术的不断发展，计算机视觉能够识别信息的种类从最初的文字信息，到人脸、人的体态识别，以及各种不同的物体。

涉及科创板受理企业举例：虹软科技、利元亨、天准科技

参考资料：虹软科技科创板上市招股说明书申报稿。

量子保密通信技术

技术定义：

量子通信是一种新型的通信技术，它利用量子的物理特性（叠加态性质、量子纠缠、量子不可克隆原理、测不准原理等）来保证通信的安全。现阶段，量子通信的典型应用形式包括：量子密钥分发（Quantum Key Distribution，简称 QKD）和量子隐形传态（Quantum Teleportation）。量子密钥分发可用来实现经典信息的安全传输，是最先实用化的量子信息技术。量子保密通信是指以具备信息理论安全性证明的 QKD 技术作为密钥分发功能组件，结合适当的密钥管理、安全的密码算法和协议而形成的加密通信安全解决方案。

应用领域：

当前主要用于政务、军事、金融企业保密通信，IDC 通信保护等领域，未来有望取代传统通信机制，实现全互联网 / 物联网的量子保密通信。

不确定性：

量子保密通信网络投入大，商业化还处于早期。

涉及科创板受理企业举例：国盾量子

参考资料：国盾量子科创板上市招股说明书申报稿。

电子

ALPD 技术

技术定义：

ALPD 技术为激光显示技术的一种，是基于蓝色激光激发荧光材料的技术架构。其原理为充分利用 LED 领域在氮化镓体系发光器件上的供应链与技术积累，以高光效、低成本的氮化镓蓝色激光为基础器件，通过稀土荧光材料将蓝光转化，取得绿光和红光。该架构充分利用我国在稀土材料供应链及技术开发层面的战略优势，将稀土材料的应用拓展到激光显示的领域，一举突破了 RGB 三色激光显示一直以来存在的高成本、低光效以及强散斑等瓶颈问题，从而形成颠覆性的激光显示新架构。

技术特点：

采用 ALPD 技术的激光显示光源具有超过 3 万小时的寿命，2014年 6 月安装的第一台激光放映设备稳定运行至今已超过 50 个月。ALPD 技术具有宽色域优势，色域覆盖 98.5% 的 REC.2020 色域标准。同时，ALPD 技术将无散斑的荧光与激光进行混合，显著降低激光的散斑效应，已达到视觉无散斑的效果，并在全球范围得到广泛应用。在对性能指标与可靠性要求苛刻的电影放映市场，ALPD 技术的应用扭转了核心放映技术长期为国外企业垄断的状况。

技术应用：

ALPD 技术推出之后，迅速带动激光显示产品产业化、市场化，成为激光显示领域的主导性技术架构，被广泛应用于激光影院、激光电视、激光工程投影等多个领域。

涉及科创板受理企业举例：光峰科技

参考资料：光峰科技科创板上市招股说明书申报稿。

Micro LED

技术定义：

Micro-LED 即微型发光二极管，是指高密度集成的 LED 阵列，阵列中的 LED 像素点距离在 10 微米量级，每一个 LED 像素都能自发光。相比于使用 LED 背光背板的 LCD 显示技术以及 LED 显示技术，Micro-LED 具有发光效率高、功耗低、响应快、寿命长的特点。目前，包括索尼、苹果、三星等厂商都将 Micro-LED 视为次世代显示技术，不断加强研发投入。

技术特点：

Micro-LED 技术最大的优势便是低功耗。目前显示屏幕所消耗的电量，约占到手机日常使用消耗总电量的 30%。由于无需背光模组、且 LED 发光效率优于 OLED，Micro-LED 具有发光效率高、功耗低的优势。

技术应用：

苹果和索尼是 Micro-LED 领域最有力的推动者，两家选择了截然不同的商业化路径。索尼选择将 Micro-LED 首先应用在室内大屏显示领域，并已推出多款产品。苹果则是将以 Apple Watch 为代表的智能手表，作为 Micro-LED 最先落地的领域。

涉及科创板受理企业举例：中微公司、晶丰明源

参考资料：LED inside。

CMOS

技术定义：

CMOS 传感器实际上是一个高度集成的图像系统。当外界光线照

射到 CMOS 传感器上的时候：（1）传感器拥有的像素阵列会发生光电效应；（2）光电效应使得像素阵列上的每个像素单元产生对应外界色彩和亮度的电荷信号；（3）信号会被模数转换电路转换成数字图像信号；（4）数字信号经过集成于同一芯片上的 ISP 处理后输出。简单来说，CMOS 传感器就像一组太阳能电池矩阵，每个像素就是矩阵中的一个电池，每个电池按照前方的亮度和色彩排布进行充电，之后统计每个电池的电量，就能得出对应的亮度和色彩，从而还原出现实的景象。

技术应用：

手机是 CMOS 传感器的最大应用市场，汽车、安防等新应用领域高速成长。根据 IC insights 数据显示，2017 年手机用 CMOS 传感器市场规模占整体应用市场的 62%，达 77.5 亿美元，预估 2022 年手机 CMOS 传感器的市场营收规模将可达 86 亿美元。而在未来几年，汽车、安防监控、医疗、玩具 / 电玩与工业等将成为带动 CMOS 传感器高速发展的主要动力。

参考资料：*IC insights*。

EEPROM

产品定义：

EEPROM 是支持电可擦除的非易失性存储器，可以在电脑上或专用设备上擦除已有信息重新编程，产品特性是待机功耗低、灵活性高、可靠性高，容量介于 1Kbit 至 1024Kbit 之间，可以访问到每个字节，字节或页面更新时间低于 5 毫秒，耐擦写性能至少 100 万次，足以满足绝大多数应用的擦写要求。

产品应用：

主要用于存储小规模、经常需要修改的数据，具体应用包括智能手机摄像头模组内存储镜头与图像的矫正参数、液晶面板内存储参数和配置文件、蓝牙模块内存储控制参数、内存条温度传感器内存储温度参数等。EEPROM 芯片在操作方式上可分为两大类，即串行操作和并行操作。串行 EEPROM 占据绝大部分市场份额，具备体积小、价格低、操作方便的特性，广泛应用于移动终端、消费电子、通信、工业控制、医疗设备、汽车电子等领域。随着微型摄像头模组的升级、高像素传感器和双摄像头等技术的应用，EEPROM 在智能手机摄像头模组中发挥了重要的作用。并行 EEPROM 由于价格较高、尺寸较大，日益被串行 EEPROM、闪存芯片以及其他芯片所取代，目前主要用于政府和军事领域的长期应用市场。

涉及科创板受理企业举例：聚辰股份

参考资料：聚辰股份科创板上市招股说明书申报稿。

智慧城市

MEMS

技术定义：

MEMS 是微机电系统（Micro-Electro-Mechanical Systems）的英文缩写。它是将微电子技术与机械工程融合到一起的、操作范围在微米范围内的一种微细加工工业技术，涉及微电子、材料、力学、化学、机械学等诸多学科领域。使用该技术制成的产品具有体积小、重量轻、成本低、功耗低、可靠性高、适于批量化生产、易于集成和实现智能化的特点，现已应用于微型传感器、芯片等高精尖产品的生产中。

技术特点：

（1）微型化：MEMS 器件体积小、重量轻、耗能低、惯性小、谐振频率高、响应时间短。

（2）以硅为主要材料，机械电器性能优良：硅的强度、硬度和杨

氏模量与铁相当，密度类似铝，热传导率接近钼和钨。

（3）批量生产：用硅微加工工艺在一片硅片上可同时制造成百上千个微型机电装置或完整的 MEMS。批量生产可大大降低生产成本。

（4）集成化：可以把不同功能、不同敏感方向或致动方向的多个传感器或执行器集成于一体，或形成微传感器阵列、微执行器阵列，甚至把多种功能的器件集成在一起，形成复杂的微系统。微传感器、微执行器和微电子器件的集成可制造出可靠性、稳定性很高的 MEMS。

（5）多学科交叉：MEMS 涉及电子、机械、材料、制造、信息与自动控制、物理、化学和生物等多种学科，并集约了当今科学技术发展的许多尖端成果。

技术应用：

常见的产品包括 MEMS 加速度计、MEMS 麦克风、微马达、微泵、微振子、MEMS 光学传感器、MEMS 压力传感器、MEMS 陀螺仪、MEMS 湿度传感器、MEMS 气体传感器、红外 MEMS 芯片等，以及它们的集成产品。应用领域涵盖航空航天、信息通信、生物化学、医疗、自动控制、消费电子以及军工等各行各业。

涉及科创板受理企业举例：睿创微纳

参考资料：睿创微纳科创板上市招股说明书申报稿。

ADAS（高级辅助驾驶系统）

技术定义：

高级辅助驾驶系统是辅助驾驶者进行汽车驾驶的系统。它能提高司机对驾驶环境感知能力，并对环境作出部分智能的决策。常见的辅助驾驶系统有以下几种：

（1）自适应巡航控制系统（ACC）：可根据驾驶员设定的目标速

度及与前车的相对距离，自动调整车速。

（2）前向碰撞报警系统（FCW）：可检测前车的运动状态，当有碰撞的危险时可发出警告。

（3）车道偏移报警系统（LDWS）：在司机无意识偏离原行车道的时候，发出警告。

（4）自适应灯光控制系统（AFS）：能够自动改变光型以适应车辆行驶条件变化的前照灯系统。

（5）自动泊车系统（APS）：汽车自动停车入库。

技术原理：

ADAS 是利用安装于车上的各式各样的传感器，在第一时间收集车内外的环境数据，进行静、动态物体的辨识、侦测与追踪等技术上的处理，从而能够让驾驶者在最快的时间察觉可能发生的危险，以引起注意和提高安全性的主动安全技术。其传感器主要用毫米波雷达、摄像头等，使用 AI 算法等，进行环境侦测与智能决策。ADAS系统的核心在于智能算法，以及基于智能算法的电子控制器单元（Electronic Control Unit，ECU）。

涉及科创板受理企业举例：鸿泉物联

参考资料：*Wikipedia*。

航天军工

遥感图像处理技术

技术定义：

遥感图像处理（processing of remote sensing image data）是对遥感图像（主要为卫星照片）进行辐射校正和几何纠正、图像整饰、投影变换、镶嵌、特征提取、分类以及各种专题处理等一系列操作，以求达到预期目的的技术。

技术现状：

国外：典型领域的卫星遥感应用发展为遥感应用产业；对地观测由定性向定量、由瞬时监测向过程监测、由单星应用向多星应用、由行业应用向大众应用、由实验型向业务型转变；数据源多元化、集成一体化、大众实用化是其典型特点。

国内：气象、资源、海洋、环境与灾害检测行业应用卫星已投入业务使用；高分五号于 2018 年 5 月成功发射，2019 年 3 月投入使用，标志着高分专项打造的高空间分辨率、高时间分辨率、高光谱分辨率的天基对地观测能力中最有应用特色的高光谱能力已形成。

技术应用：

主要应用于检测海洋环境、道路交通、水资源及荒漠化、城市规划、军事领域等。

涉及科创板受理企业举例：中科星图、世纪空间、航天宏图

参考资料：*中科星图科创板上市招股说明书申报稿。*

像方红外成像技术

技术定义：

像方红外成像技术，主要区别于物方红外成像技术，是指扫描目标为二次图像的扫描型红外成像系统，根据二次成像原理把光学系统划分为前后两组光学镜组。前组为固定组，对大视场的目标和背景成一次像；后组为扫描组，围绕一次像面的球心进行旋转运动，扫描前组的成像面，实现搜索功能。

技术特点：

红外成像制导利用红外成像探测原理进行目标探测，实现对目标检测、识别与跟踪，具有抗干扰能力强、隐蔽性好、制导精度高和准全天候工作的优点。相较于物方红外成像扫描系统，像方扫描具有大视场、大探测距离等突出特点。且像方扫描机构可以满足制导系统小

型化、轻量化的要求，可作为机载、弹载红外系统的成像扫描设备。

技术应用：

弹载红外导引头、机载红外探测系统、车载红外热成像仪。

涉及科创板受理企业举例：新光光电

参考资料：新光光电科创板上市招股说明书申报稿。

高功率光纤激光技术

技术定义：

高功率光纤激光技术是以光纤作为增益介质的激光技术，通过能量合束器实现功率提升。

技术应用：

高功率光纤激光技术主要用于金属厚板的切割，特殊板材加工，以及在深海钻探方面的工业应用。

技术特点：

相对于中低功率光纤激光，高功率光纤激光能量密度较高，光斑分布均匀可控，切割效率高。

技术现状与趋势：

目前国内高功率光纤激光市场中，国外产品占有率仍处于优势，代表企业有 IPG 光电、SPI、Rofin、nLight 等，但近年来国内厂商不断实现高功率光纤技术突破，产品逐步投放市场，国产占有率逐步提升，其中领先企业有锐科激光、杰普特光电、飞博激光等，计划在未来逐渐实现进口替代。目前我国的高功率光纤激光技术为行业内发展热点，有望在改进外部模式控制、特殊光线设计、提升基础元件性能方面实现高功率光纤技术的进一步突破。

涉及科创板受理企业举例：创鑫激光、杰普特

参考资料：锐科激光创业板上市招股说明书。

生物医药

细胞治疗

技术定义：

细胞治疗是指将正常或生物工程改造过的人体细胞直接移植或输入患者体内，用具有更强的免疫杀伤功能的细胞替代受损细胞，从而达到治疗疾病的目的。

技术应用：

细胞治疗在治疗癌症、血液病、心血管病、糖尿病、老年痴呆症等方面有极高应用价值。

技术分类：

细胞治疗包括肿瘤细胞免疫治疗和干细胞治疗两大类。

肿瘤细胞免疫治疗是继手术、放疗和化疗之后的第四种肿瘤治疗方法，其包括过继细胞免疫治疗、肿瘤疫苗、非特异性免疫刺激，以及免疫检验点单克隆抗体四类。过继细胞免疫治疗是国际研发热点，嵌合抗原受体 T 细胞疗法（CAR-T）就属于其中一种。Kite、Juno、诺华等公司的 CAR-T 产品 2017 年起相继获批上市，国内细胞治疗初创公司数量很多，知名公司包括复星凯特、南京传奇等。

干细胞又被称为"万能细胞"，具有自我更新能力以及多向分化潜能，具有再生各种组织器官和人体的潜力，干细胞移植可以达到修复或替换受损细胞或组织、治愈疾病的目的。干细胞潜在治疗领域广泛，如白血病、帕金森、心肌梗死等。国际领先公司如 Neostem、Osiris、TiGenix、Baxter 等均有干细胞产品处于临床研究阶段，目标主要应用于治疗血液疾病及心血管疾病。2017 年起国内干细胞行业政策开始逐步放开，行业进入健康发展阶段，国内领先企业包括中源协和、北科生物、昂赛细胞等。

涉及科创板受理企业举例：微芯生物

参考资料：雪球；亿欧；健康界；中商情报网。

基因编辑技术 CRISPR/Cas 9

技术定义：

基因编辑技术是指对 DNA 目标序列进行插入、删除或序列改变的操作方法。

发展历程：

CRISPR/Cas 技术的发现源自科学家早年对细菌自身防御系统的研究。科学家发现，当细菌受到病毒攻击时，会作出以切割破坏外源 DNA 为目标的防御反应。在细菌和古细菌基因组中广泛存在一系列成簇排列、高度保守的 DNA 重复序列（CRISPR），这些间隔序列在被转录成为 crRNA（CRISPR RNA）后，能够和细菌自身的 Cas 核酸酶形成复合体，对 Cas 核酸酶的靶向切割起到导向作用。CRISPR 最早于 1987 年被发现，2011 年分子机制被揭示；2013 年，科学家发现通过改造的人工核酸内切酶 CRISPR/Cas 9 系统可以高效地编辑基因组。

技术特点及应用：

作为第三代基因编辑技术，CRISPR/Cas 技术利用与目标序列互补的向导 RNA（sgRNA）引导 Cas 酶定点切割 DNA，突破了过去只能通过繁琐耗时的同源重组等方法编辑 DNA 的技术瓶颈。CRISPR/Cas 9 有使用方便、构建简单、效率高等优势，已经广泛推广应用于生物、医学、农业等领域，在遗传病治疗、疾病筛查、肿瘤治疗、动植物改造、病原微生物防治领域应用潜力巨大。

RNAi 疗法

技术定义：

RNAi（RNA interference）是一种通过反义 RNA 与正链 RNA 形成双链 RNA，特异性地抑制基因转录表达的现象，在植物、动物、

人类中均存在。

技术特点及应用：

RNAi 疗法在 1998 年被 Andrew Fire 等人探明。人为将 RNA 双链引入内源靶基因，诱导内源靶基因的 mRNA 降解，可以达到阻止基因表达，抑制功能异常蛋白生成的目的。RNAi 治疗的靶点特异性高、不需要特殊的结合蛋白，具有突出优势，在基因治疗、整形外科、病毒性疾病治疗、遗传病治疗、肿瘤治疗等领域潜在运用广泛。

技术进展：

2018 年 8 月，FDA 批准了首个基于 RNAi 疗法的 Onpattro（patisiran）输注治疗，用于由遗传性转甲状腺素蛋白淀粉样变性（hATTR）引起的周围神经疾病。当前全球范围内 RNAi 发展火热，进入早期研发或进入临床 I 期、II 期和 III 期试验的有上百个核酸药品种。国内企业紧跟形势，当前代表企业有苏州瑞博、苏州圣诺、百奥迈科三家公司。

参考资料：雪球；新药汇。

化工新材料

纳米聚团流化床宏量制备碳纳米管技术

技术定义：

纳米聚团流化床宏量制备碳纳米管技术是天奈科技与清华大学合作研发的基于 CVD 法进行改进的一项 CNTs 制备技术。

技术特点：

该技术通过对流化床工艺的引入，进一步提供 CNTs 生长的空间以及均匀的传热传质环境，从而在扩大 CNTs 生产规模的过程中避免结构缺陷，实现大批量制备高质量的 CNTs。

技术应用：

CNTs 具有独特的物理化学性质，使其在电子、能源、催化等领域有广阔的应用。尤其在锂电池导电添加剂的应用上，CNTs 的加入赋予了长程导电性、导热性及网络结构，从而提升锂电池的倍率性能和改善循环寿命。

涉及科创板受理企业举例：天奈科技

参考资料：天奈科技科创板上市招股说明书申报稿。

硅通孔（TSV）技术

技术定义：

硅通孔技术（TSV）是指通过在硅片上制作通孔，再向内填充导电物质，结合凸点实现芯片和芯片间垂直导通。

发展历程：

TSV 技术被称为继引线键合、倒带自动焊和倒装芯片之后的第四代封装技术。TSV 技术早在六十多年前便被提出，但由于该技术的不确定性，在近几年才逐渐落实到商业应用的量产阶段。

技术特点：

与传统的引线键合相比，TSV 技术的优势在于去除了外部的导线所占用的三维体积，可以使微电子芯片封装达到最密连接，三维尺寸最小。此外，TSV 技术的应用减小了芯片之间连线的长度，提高了运算速度，并且大幅降低电路功耗。国内技术领先的集成电路封装企业也已经实现了该技术的量产化，但技术层面上仍与国外优秀企业存在一定差距。

技术应用：

TSV 技术目前已经广泛应用到存储器、图像传感器、功率放大器等。随着设备小型化要求越来越高，TSV 技术制备的芯片可以很好地满足这种需求趋势。

涉及科创板受理企业举例：中微公司、安集科技

参考资料：51 电子网；安集科技科创板上市招股说明书申报稿。

部分已受理科创板企业全景扫描

优刻得

——稀缺的全内资公有云明星厂商

2019 年 4 月 2 日发布

投资要点：

- **定位公有云厂商，市占率 4.8%，排名第六。**公司通过公有云、私有云、混合云三种模式为用户提供服务。公司客户包括互动娱乐、移动互联、企业服务等互联网企业，以及金融、教育机构、新零售、智能制造等传统行业的企业。根据 IDC 发布的报告，2018 年上半年优刻得在中国公有云 Laas 市场中占比 4.8%，位列阿里云、腾讯云、中国电信、AWS、金山云之后，排名第六位。

- **公司客户留存率不断提升。**截至 2018 年年末，公司公有云平台注册用户数达到 14.45 万名，2016—2018 年公有云平台消费 ID 数分别为 1.22 万个、1.15 万个和 1.29 万个，单个 ID 的 ARPU 值分别为 4.24 万元、7.29 万元和 9.18 万元，呈快速增长趋势，用户平均次月留存率分别为 86.60%、88.85%、90.66%，客户留存率不断提升。

- **拟募集资金约 47.48 亿元。**募集资金将投资多媒体云平台项目 10.5 亿元、网络环境下应用数据安全流通平台项目 2.2 亿元、新一代人工智能服务平台项目 8.8 亿元、内蒙古乌兰察布市

集宁区优刻得数据中心项目 48 亿元。这四个项目总投入约为 69.47 亿元，拟募集资金约 47.48 亿元。

- **2018 年公有云收入 10.1 亿元，私有云收入 3460 万元，混合云 1.4 亿元。** 2016—2018 年，公司营业总收入分别为 5.16 亿元、8.40 亿元、11.87 亿元；归母净利润分别为 −1.97 亿元、0.77 亿元、0.80 亿元；毛利率分别为 29.07%、36.47%、39.48%；净利润率分别为 −40.83%、7.06%、6.50%；研发费用分别为 9798.24 万元、10644.79 万元、16047.99 万元，研发费用占收入比重分别为 18.99%、12.67%、13.52%。
- **同股不同权特殊治理结构。** 公司共同控股股东及实际控制人设置特别表决权的数量合计 97688245 股 A 类股份，其中季昕华持有 A 类股份 50831173 股，莫显峰持有 A 类股份 23428536 股，华琨持有 A 类股份 23428536 股。扣除 A 类股份后，公司剩余 266343919 股为 B 类股份。每份 A 类股份拥有的表决权数量为每份 B 类的 5 倍，每份 A 类股份的表决权数量相同。故季昕华、莫显峰、华琨共持有表决权 64.71%。
- **建议采用 PS 或 PEG 估值。** 公司选择上市标准：预计市值不低于人民币 50 亿元，且最近一年营业收入不低于人民币 5 亿元。
- **风险提示**：同类竞争加剧风险；技术升级迭代风险。

财务分析

	2016 年	2017 年	2018 年
营业收入（百万元）	516	840	1187
同比增长率（%）	—	62.79	42.31
归属于母公司的净利润（百万元）	−197	77	80
同比增长率（%）	—	139.09	3.90
每股收益（元／股）	−1.13	0.25	0.22
毛利率（%）	29.07	36.47	39.48
ROE（%）	−34.41	13.34	5.50

财务指标

	2016 年	2017 年	2018 年
流动比率	0.75	2.52	3.02
资产负债率（%）	103.60	28.28	20.17
应收账款周转率	11.81	8.78	7.46
存货周转率	49.50	61.76	55.97

备注：以上分析基于 2019 年 4 月 1 日发布的招股说明书。

安翰科技

——研发铸就核心竞争力，磁控胶囊胃镜领军企业

2019 年 3 月 23 日发布

投资要点：

- **生产与销售新型医疗器械"胶囊胃镜"的高科技企业。** 公司是一家成立于 2009 年的医疗器械公司，主要产品为磁控"胶囊胃镜"机器人，核心产品于 2013 年获得国家 CFDA 批准成功上市。吉朋松为公司创始人、董事长，直接持有发行人 12.82% 的股权。我国是胃部疾病的高发地区，但是由于传统胃镜侵入的检查方式给患者带来较大痛苦，患者积极性不高，胶囊胃镜因为无痛无创的特性解决了这个难题。公司目前的产品销售较为依赖体检中心的推广，2018 年连锁体检集团美年大健康的采购量占公司总收入的比例为 76.27%。

- **过去三年收入复合增长率达 67.44%。** 2016—2018 年，公司主营业务收入分别为 1.15 亿元、1.72 亿元、3.22 亿元；归母净利润分别为 2862 万元、−1034 万元、6594 万元；扣非后净利润分别为 −3768 万元、−3671 万元、2541 万元；经营活动产生的现金流分别为 −3605 万元、−1493 万元、7555 万元；毛利率分别为 67.27%、74.30%、76.66%；研发费用分别为 3388 万元、4917 万元、7845 万元，研发费用占收入比重分别为 30%、29%、25%。2018 年应收账款周转天数 64 天，与 A 股医疗器械公司水平相近，持续的高研发投入体现了科创板医疗器械公司的特点，公司整体财务状况健康。

- **积极研发谋求产品升级，同时探索人工智能读片。** 胶囊胃镜的出现极大改善了患者的依从性，受检者只需吞服一粒胶囊大小的胃镜机器人，即可在 15 分钟内完成无痛无创无交叉感染的

胃镜检查，全程无需麻醉，检查后胶囊机器人随消化道排泄，一次性使用不再回收。安翰胶囊比普通胶囊胃镜的先进性在于，产品利用精准磁控技术，使胶囊内镜可以为医生所控制，改变了第一代胶囊内镜只能进行小肠检查的困境，精准检查人体胃部。公司未来研发投向主要有两个方面：1. 完善、丰富胶囊胃镜产品线。目前振动胶囊、胃肠动力标记物胶囊正在开展临床工作，预计 2020 年完成注册；2. 公司还在开展 AI 辅助阅片系统的研发工作，争取实现自动阅片并供内镜医生参考，提高阅片效率。

- **公司选择《上海证券交易所科创板股票上市规则》2.1.2 第一项条件作为申请上市标准。** 公司符合《上海证券交易所科创板股票上市规则》2.1.2 第一项条件：2017 年公司最后一次融资投后估值为 59.6 亿元，公司市值不低于 10 亿元；2018 年公司扣非归母净利润为 2541 万元，为正；公司 2018 年营业收入为 3.22 亿元，不低于 1 亿元。此外公司还同时符合第二项、第四项、第五项条件，本次公司选择前述第一项条件作为上市申请标准。

- **风险提示：** 同类竞争加剧风险；政府补贴持续性风险；下游客户较为集中的风险。

财务分析

	2016 年	2017 年	2018 年
营业收入（百万元）	115	172	322
同比增长率（%）	—	49.68	87.31
归属于母公司的净利润（百万元）	29	−10	66
同比增长率（%）	—	−136.12	737.87
每股收益（元/股）	—	—	0.18
毛利率（%）	67.3	74.3	76.7
ROE（%）	20.2	−2.9	9.3

财务指标

	2016 年	2017 年	2018 年
流动比率	2.68	6.84	5.58
资产负债率（%）	40	18.65	19.29
应收账款周转率	4.84	5.10	5.73
存货周转率	1.43	1.30	1.81

备注：以上分析基于 2019 年 3 月 22 日发布的招股说明书。

安恒信息
——信息安全领域后起之秀

2019 年 4 月 10 日发布

投资要点：

- **国内网络信息安全领域后起之秀。** 安恒信息自设立以来一直专注于网络信息安全领域，公司主营业务为网络信息安全产品的研发、生产及销售，并为客户提供专业的网络信息安全服务。公司的产品及服务涉及应用安全、大数据安全、云安全、物联网安全、工业控制安全及工业互联网安全等领域。

- **核心产品市场份额位居行业前列。** 作为国内网络信息安全领域后起之秀，公司核心基础安全产品持续多年市场份额位居行业前列：2017 年度，Web 应用防火墙市场份额为 16.7%，排名第二；数据库审计与风险控制系统市场份额为 7.2%，排名第二；Web 应用弱点扫描器、远程安全评估系统市场份额为 14.7%，排名第三。此外，公司核心产品的前瞻性和影响力也获得了国内外权威机构认可。公司 Web 应用防火墙自发布以后多次入围 Gartner 魔力象限推荐品牌，2018 年进入亚太区 Web 应用防火墙魔力象限，威胁情报产品入围 IDC 中国威胁情报安全服务 MarketScape。

- **拟募集资金约 7.6 亿元。** 募集资金将投资云安全服务平台升级项目 1.54 亿元、大数据态势感知平台升级项目 1.13 亿元、智慧物联安全技术研发项目 9652.65 万元、工控安全及工业互联网安全产品升级项目 3983.37 万元、智慧城市安全大脑及安全运营中心升级项目 1.19 亿元、营销网络及服务体系扩建项目 8778.24 万元，另补充流动资金 1.5 亿元，合计共募集资金约 7.6 亿元。

- **销售规模迅速增长，研发占比超 20% 高于同业。**2016—2018 年，公司营业收入分别为 31671.38 万元、43039.81 万元、64042.08 万元；归母净利润分别为 78.05 万元、5491.13 万元、8462.45 万元；毛利率分别为 67.04%、67.58%、70.82%；公司研发费用分别为 6586.39 万元、9592.94 万元、15195.19 万元；研发费用占收入比重分别为 20.80%、22.29% 和 23.73%，研发费用占营业收入的比重均高于可比公司。

- **选择第一条上市标准，建议采用 PE 估值方式。**公司符合《上海证券交易所科创板股票上市规则》2.1.2 "发行人申请在本所科创板上市，市值及财务指标应当至少符合下列标准中的一项"中第（一）项条件：参照公司 2019 年年初最近一次股权转让的公司估值 30 亿元，公司市值不低于 10 亿元；公司 2018 年扣除非经常性损益前后孰低的归属于母公司股东净利润为 6799.48 万元，为正；公司 2018 年营业收入为 64042.08 万元，不低于 1 亿元。

- **风险提示**：经营业绩季节性波动风险；市场竞争加剧风险；技术升级迭代风险。

财务分析

	2016 年	2017 年	2018 年
营业收入（百万元）	317	430	640
同比增长率（%）	—	35.90	48.80
归属于母公司的净利润（百万元）	0.78	55	85
同比增长率（%）	—	6935.40	54.11
每股收益（元/股）	—	1.07	1.52
毛利率（%）	67.04	67.58	70.82
ROE（%）	0.35	18.33	17.78

财务指标

	2016 年	2017 年	2018 年
流动比率	2.29	2.86	2.28
资产负债率（%）	39.28	30.28	42.37
应收账款周转率	4.02	4.30	4.42
存货周转率	4.42	5.10	4.99

备注：以上分析基于 2019 年 4 月 9 日发布的招股说明书。

贝斯达

——磁共振设备龙头，产品高端化铸就长期竞争力

2019 年 3 月 29 日发布

投资要点：

- **国内磁共振设备领先企业，产品线丰富。**公司成立于 2000 年，长期专注于大型医学影像设备制造。公司产品装配于国内近两千家医疗机构，并远销全球二十多个国家。当前公司产品以磁共振为核心，同时覆盖医用 X 射线设备、核医学设备、彩色超声诊断系统、医疗信息化软件共五大系列，拥有超四十款产品。公司磁共振产品线齐全，品类丰富，2017 年国内销量和保有量均为国产品牌第二。公司董事长兼总经理彭建中直接持有公司 44.26% 的股权，为公司实际控制人，其余股东持股均少于 5%。

- **收入利润稳定增长，成本和负债率控制得当。**2016—2018 年公司收入分别为 3.56 亿元、4.15 亿元、4.71 亿元；归母净利润分别为 0.93 亿元、1.03 亿元、1.08 亿元；经营活动产生的净现金流分别为 4088 万元、4751 万元、3949 万元；毛利率分别为 46.28%、47.11%、46.88%；研发费用分别为 2090 万元、2558 万元、4477 万元，研发费用占收入比重分别为 5.87%、6.16%、9.50%；销售费用分别为 4474 万元、4720 万元、5247 万元，销售费用占收入比重分别为 12.56%、11.37%、11.14%；资产负债率分别为 37.89%、29.34%、25.91%。公司业绩增长稳定，费用控制得当，整体财务状况良好。

- **坚持研发驱动的产品高端化策略，长期受益政策红利。**公司是首批"国家高新技术企业"，多年来坚持走自主创新发展路线，持续投入研发，推进产品高端化转型。多个产品遴选进入《优秀国产医疗设备产品名录》和国家《"首台（套）重大技术装备"计划》。公司持续对产品进行升级换代，不断提升产品性能。公司 3.0T 超导磁共振成像系统已于 2018 年 1 月取得

CFDA 注册证，公司由此成为第二家有能力生产该高端磁共振设备的国产企业。公司近年来研发费用逐年增加，在研产品还包括 64 排螺旋 CT、医用直线加速器、7.0T 超导磁共振成像系统等医学影像尖端设备。

- **公司符合《上海证券交易所科创板股票上市规则》2.1.2 第一项条件。**公司 2017、2018 年净利润分别为 1.03 亿元、1.08 亿元，预计市值不低于 10 亿元，符合《上海证券交易所科创板股票上市规则》2.1.2 第一项：预计市值不低于人民币 10 亿元，最近两年净利润均为正且累计净利润不低于人民币 5000 万元。
- **风险提示：**同类产品竞争加剧风险；研发风险；行业政策变动风险。

财务分析

	2016 年	2017 年	2018 年
营业收入（百万元）	356	415	471
同比增长率（%）	—	16.57	13.49
归属于母公司的净利润（百万元）	93	103	108
同比增长率（%）	—	10.75	4.63
每股收益（元／股）	0.27	0.29	0.29
毛利率（%）	46.28	47.11	46.88
ROE（%）	13.34	10.94	9.67

财务指标

	2016 年	2017 年	2018 年
流动比率	1.52	2.65	2.96
资产负债率（%）	37.89	29.34	25.91
应收账款周转率	4.20	3.76	3.12
存货周转率	6.62	7.06	6.06

备注：以上分析基于 2019 年 3 月 27 日发布的招股说明书。

传音控股

——非洲手机市场龙头，聚焦新兴市场结构升级

2019 年 4 月 1 日发布

投资要点：

- **全球功能机霸主，非洲手机市场龙头。** 公司成立于 2006 年，主要从事手机终端的设计研发、生产销售和品牌运营。目标市场集中于非洲、南亚、东南亚、中东等全球新兴国家。2018 年公司手机出货量 1.24 亿部，全球市占率为 7.04%，排名第四。其中功能机出货量 9022 万部，占总出货比 72.7%。而营收主要贡献来源于智能机，占比约 70%。公司在非洲市场排名第一，市占率高达 48.71%。印度市场排名第四，市占率 6.72%。公司控股股东为传音投资，持股比例为 56.73%。实际控制人为竺兆江，其持有传音投资 20.68% 股权。

- **营收与扣非净利润高增，毛利率处上行通道，现金流状况良好。** 2017 年公司营收高速成长，但 2018 年增速大幅放缓，2018 年营收规模达 226 亿元，近 2 年增速分别为 72%、13%，年均复合增长率达 39.5%。2018 年净利润为 6.6 亿元，而扣非净利润达 12.2 亿元，主要系外汇远期合约亏损所致，近 2 年扣非净利润复合增长率达 48%。毛利率逐年提升，近 3 年分别为 20.6%、21%、24.5%，主要受益于产品本身价格上升及美元汇率变动。近 3 年经营性现金流净额分别为 6.2 亿元、15 亿元、20.7 亿元，均显著高于净利润。

- **深耕以非洲为代表的新兴市场，差异化品牌与本地化创新为核心优势。** 公司旗下具有三大子品牌，TENCO 定位于新兴市场中产阶级，itel 定位于基层和价值导向型消费者，Infinix 定位于年轻消费群体。多品牌战略全面覆盖了非洲市场各阶层群体，对单一品牌竞争对手形成了较为坚固的竞争壁垒。公司基于对于非洲市场用户需求的深刻理解，持续在技术创新本地化

147

上发力。例如针对深肤色的拍照与人脸识别优化，低成本高压快充技术、超长待机等。在售价上切合当地消费水平，功能机均价仅 65 元人民币，智能机均价仅 450 元人民币。

- **新兴市场结构升级带来全新增量空间。**据 IDC 数据显示，以非洲、印度、中东、印尼为样板的新兴市场 2018 年功能机占比达 52.56%，市场份额仍高于智能机。随着新兴市场的网络基础设置不断完善，智能手机的需求正逐步提升，占比从 2011 年的 10.67% 增长至 2018 年的 47.44%，预计 2022 年占比将进一步提升到 70.38%，成长空间显著。从募投项目来看，公司未来发展方向主要通过扩大在智能机上的研发与产能，聚焦新兴市场的结构升级，并在移动互联增值业务上进行布局，以期推动业绩的可持续增长。

- **公司采用第一套上市标准（市值＋净利润／收入），建议采用 PE 估值。**公司处于稳定成长期，盈利能力好，建议采用 PE 估值，A 股对标公司闻泰科技，港股可对标小米集团。

- **风险提示**：新兴市场智能机竞争加剧风险；新市场拓展不力风险。

财务分析

	2016 年	2017 年	2018 年
营业收入（百万元）	11637	20044	22646
同比增长率（%）	—	72.24	12.96
归属于母公司的净利润（百万元）	63	671	657
同比增长率（%）	—	965.08	−2.09
每股收益（元/股）	—	0.94	0.91
毛利率（%）	20.59	20.97	24.45
ROE（%）	7.43	24.43	18.49

财务指标

	2016 年	2017 年	2018 年
流动比率	1.40	1.50	1.56
资产负债率（%）	71.10	63.30	62.12
应收账款周转率	39.09	47.89	52.77
存货周转率	8.14	7.87	6.96

备注：以上分析基于 2019 年 3 月 29 日发布的招股说明书。

光峰科技

——ALPD 技术推动应用，激光显示产业化先锋

2019 年 3 月 29 日发布

投资要点：

- **依托自研 ALPD 技术，公司为激光光学引擎核心供应商，业务逐渐拓向显示产品及系统解决方案。**光峰科技成立于 2006 年，凭借自主研发的 ALPD 激光显示底层架构技术，打造了激光显示核心器件——激光光学引擎。通过将该核心器件与电影、电视、教育等显示场景相结合，形成一系列显示终端产品。公司为激光显示光源细分领域龙头，在激光电影放映机光源市场市占率达 60%，激光电视光机市场市占率超 30%，激光商教投影机光机市占率达 28%。客户涵盖小米、TCL、中影股份、巴可等各显示场景核心厂商。公司控股股东为光峰控股，持股比例为 20.80%，公司实际控制人为李屹，合计控制公司 42.32% 的股份。

- **营收净利润爆发式成长，经营性现金流改善显著，毛利处上行通道，持续加码研发支出。**公司处于高速的规模扩张期，营收与净利润均实现爆发式倍增。2018 年营收为 13.86 亿元，近 2 年增速分别为 227.04%、171.96%。2018 年归母净利润为 1.77 亿元，近 2 年增速分别为 750%、168.57%。公司核心技术的商业化逻辑正不断兑现。公司近 3 年经营性现金流净额分别为—0.43 亿元、—1.15 亿元、1.18 亿元，2017 年大幅为负主要系新增小米通讯等重要客户，并授予其一定信用期所致。2016—2018 年毛利率逐年提升，分别为 32.97%、41.95%、43.48%，已处于较高水平，反映公司产品具有较好的盈利能力。公司持续加码研发投入，2018 年研发费用为 1.36 亿元，近 2 年绝对额增速分别为 33%、45%。

- **自主核心 ALPD 技术解决关键痛点，助力激光显示产业化，技术专利构建宽阔护城河，未来强化纵向布局。**传统 RGB 三色激光显示技术在规模化应用上存在：（1）成本高昂；（2）激光强相干性导致的光斑等瓶颈。公司于 2007 年首创基于蓝色激光的荧光显示技术，并为其注册 ALPD 商标。该技术架构一举解决了高成本、低功效、强光斑等行业核心痛点，从而推动了激光显示技术的产业化。截至 2019 年 2 月 28 日，公司已获专利 766 项，专利申请数量在全球荧光激光显示领域排名第一。在技术的产业化路径上选择以电影放映机为代表的高端显示为切入点，随后应用于大众消费市场。从募投项目来看，公司未来的发展方向以 ALPD 技术及解决方案为基础，以一系列显示终端产品为拓展，进一步深化在激光显示领域的业务布局。

- **公司采用第一套上市标准估值（市值＋净利润／收入），建议采用 PE 估值。**公司毛利高，盈利能力好，建议采用 PE 估值，A 股对标迪威讯，海外可对标比利时巴可。

- **风险提示：**激光显示行业竞争加剧风险；技术产业化进程不及预期风险。

财务分析

	2016 年	2017 年	2018 年
营业收入（百万元）	355	806	1386
同比增长率（%）	—	227.04	171.96
归属于母公司的净利润（百万元）	14	105	177
同比增长率（%）	—	750	168.57
每股收益（元／股）	—	—	0.73
毛利率（%）	32.97	41.95	43.48
ROE（%）	35.24	197.26	41.25

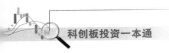

财务指标

	2016 年	2017 年	2018 年
流动比率	1.25	1.17	1.29
资产负债率（%）	81.79	87.33	60.12
应收账款周转率	12.77	14.18	12.82
存货周转率	1.67	1.84	2.29

备注：以上分析基于 2019 年 3 月 27 日发布的招股说明书。

国盾量子

——前沿科技新星，国内量子通信龙头企业

2019 年 3 月 29 日发布

投资要点：

- **发起人之一是量子通信明星科学家潘建伟院士，多名核心技术人员持股。**公司核心技术起源于中科大潘建伟院士团队。目前控股股东科大控股（中科大 100% 控股企业）持股 18%，潘建伟持股 11.01%，公司认定的 9 名核心技术人员全部持股。

- **从核心设备到行业应用，全产业链布局量子通信技术。**公司全产业链布局，从硬件设备到管控软件，从 QKD 组网到下游行业应用。（1）我国已建成的实用化光纤量子保密通信网络总长达 7000 余公里，其中超过 6000 公里使用了公司产品且处于在线运行状态。应用范围包括核心骨干网、城域网、局域网和行业专网；（2）行业应用领域，公司已经提供了政务、金融、电力的量子通信解决方案。

- **科创板第二套标准申报，突出前沿科技高研发投入的特性。**公司研发人员占比 43.89%，2018 年研发投入占比 36.35%。已拥有专利 169 项，其中发明专利 40 项、国际专利 11 项，并拥有多项领先的非专利技术。公司正在牵头或参与多项国际、国家及行业标准的制定，其中牵头国际标准 2 项、国家标准 1 项、密码行业标准预研 2 项。

- **计划投资 3 亿元用于量子通信网络设备研发和研发中心建设。**公司重点投向：（1）前沿技术研发，包括高性能 QKD 技术、实用化星地量子通信系统研究、实用化短距自由空间量子通信终端研究、新型 QKD 协议关键技术研究等；（2）城域网建设租赁业务。

- **高毛利高研发，研发费用化占比高，2018 年大额在建工程转固。**（1）公司 2018 年收入 2.64 亿元，小幅下滑 6.7%，其中

QKD 产品收入增长 6.73%，其他产品收入有所下滑；（2）公司综合毛利率达 74.33%，2018 年研发费用 + 技术的无形资产摊销之和，占销售收入比重为 56.9%。公司研发投入费用化占 77.9%，资本化占 22.1%；（3）上海陆家嘴量子通信示范网和大数据服务中心两项目在建工程于 2018 年转固 9309.68 万元。

- **适用于 PE 估值，并可用研发费用进行调整。** 公司收入来源主要为量子通信设备和行业解决方案，目前已经盈利，我们认为可用 PE 进行估值。考虑到（1）量子通信的应用前景和公司技术优势；（2）公司全产业链的布局。我们认为公司可用 PE 进行估值，通过将研发费用加回进行调整，并因其下游布局，给予比通信设备行业更高的估值溢价。

- **风险提示：** 技术开发风险；市场开拓风险。

财务分析

	2016 年	2017 年	2018 年
营业收入（百万元）	227.2	283.7	264.7
同比增长率（%）	—	24.9	−6.7
归属于母公司的净利润（百万元）	58.8	74.3	72.5
同比增长率（%）	—	26.5	−2.5
每股收益（元/股）	1.0	1.2	1.2
毛利率（%）	67.48	68.16	74.33
ROE（%）	8.40	9.36	8.35

财务指标

	2016 年	2017 年	2018 年
流动比率	10.14	8.45	7.74
资产负债率（%）	28.67	28.03	26.49
应收账款周转率	1.51	1.11	0.86
存货周转率	1.34	1.12	0.57

备注：以上分析基于 2019 年 3 月 27 日发布的招股说明书。

交控科技

——轨交信号系统设备与总包龙头，募投强化领先优势

2019 年 4 月 1 日发布

投资要点：

- **公司是国内轨交信号系统设备与总承包优势企业，在混合所有的无实控人股权架构下已完成核心员工股权激励。**交控科技专业从事城市轨道交通信号系统的研发、关键设备的研制、系统集成以及信号系统总承包，产品主要面对新建线路、既有线路升级改造和重载铁路三大市场。发行前，公司国有股东合计持股 36.84%（京投公司、交大资产、交大创新分别持股 22.22%、9.33%、5.29%），自然人合计持股 43.72%（其中公司董事长兼总经理郜春海持股 14.82%，除董事长以外的核心管理或技术人员合计持股 6.92%），其他法人持股 19.44%。公司第一大股东**京投公司主要业务是负责北京市地铁等轨道交通的运营管理，**京投及其一致行动人基石基金合计持股比例为 26.66%，持股比例无绝对优势。

- **盈利能力稳中向好，在手订单支撑中期业绩增长、旧线改造强化长期需求。规模快速扩张：**公司 95% 左右的营收来自轨交信号系统总承包，2016—2018 年，公司每年新增中标线路及合同金额分别从 4 条 /10.85 亿元增长至 10 条 /29.81 亿元，带动公司 2018 年营收 / 归母净利润增速分别达到 32%/48%。**盈利能力保持稳定：**2018 年，公司毛利率受确认收入的轨交线路与总分包结构影响较上年同期−4.49pct，净利率 /ROE 同比分别＋0.47/＋4.14pct，各期间费用率低于行业平均水平或与之持平。**在手订单支撑中期业绩增长：**公司收入与利润的确认与地铁建设进度高度相关，确认时点大部分集中在合同签订后的

155

2—3 年，截至 2018 年 12 月 31 日，公司未履行完毕的总包合同金额超 42 亿元，预计将对公司未来 2—3 年业绩提供一定支撑。**旧线改造强化公司长期需求**：城轨信号系统改造周期约为 15 年，2010 年前开通的非 CBTC 线路里程合计 543.2 公里，改造均价约 1400—1800 万元／公里。

- **技术领先奠定行业龙头地位，产业化助推公司规模扩张。技术水平全球领先**：公司长期引领国内轨交信号系统行业发展，是国内首次成功研制并应用自主化 CBTC 核心技术的企业，CBTC 系统各项指标已经达到最新国际标准；2017 年公司自主研制的 FAO 系统成功实现了工程化应用，达到轨交领域最高自动化等级 GoA4 级，代表世界领先水平。**技术产业化高效转换**：公司核心骨干均有强劲的技术背景，同时依托高校科研支持，高效发挥产学研的积极作用。2016—2018 年，公司累计研发费用达到 2.37 亿元，城轨信号系统市占率（中标线路口径）从 5.88% 提升至 30.77%，核心技术贡献的营业收入占比分别达到 48%、49%、44%，技术产业化实现高效转化。**募投项目有望强化公司竞争力**：此次募投的资金将用于轨交列控系统高科产业园建设项目（2.5 亿元）、新一代轨交列控系统研发与应用项目（0.9 亿元）与列车智能网络控制及健康管理信息系统建设与应用项目（0.6 亿元），募投项目有望强化公司技术的创新性产业化应用与供货能力。
- **公司选择适用预计市值不低于人民币 10 亿元，最近两年净利润均为正且累计净利润不低于人民币 5000 万元的上市标准，可运用可比公司 PE 估值法。**公司业务主要集中在城轨领域，新线铺车给公司带来的成长性与同领域可比公司接近，旧线改造需求因周期不同有一定差异，我们认为对公司的估值应适用可比公司 PE 估值法，同时应考虑更新驱动力不同带来的折价／溢价。

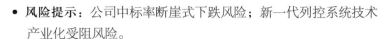

- **风险提示**：公司中标率断崖式下跌风险；新一代列控系统技术产业化受阻风险。

财务分析

	2016 年	2017 年	2018 年
营业收入（百万元）	886.50	879.62	1162.52
同比增长率（%）	—	−0.78	32.16
归属于母公司的净利润（百万元）	53.70	44.87	66.40
同比增长率（%）	—	−16.43	47.96
每股收益（元 / 股）	0.45	0.37	0.55
毛利率（%）	29.96	31.42	26.93
ROE（%）	18.66	13.77	17.91

财务指标

	2016 年	2017 年	2018 年
流动比率	1.24	1.29	1.22
资产负债率（%）	76.78	76.86	80.71
应收账款周转率	2.44	1.96	1.69
存货周转率	2.16	1.62	2.04

备注：以上分析基于 2019 年 3 月 29 日发布的招股说明书。

金达莱

——高效分布水治理方法、打造新型水环境服务商

2019 年 4 月 16 日发布

投资要点:

- **专注水环境治理，提供设备、整体解决方案及运营服务。** 公司专注于水生态环境治理与资源化领域。公司 2018 年营业业务收入中水污染治理装备 5.55 亿元，占比 77.84%；水环境整体解决方案 8173 万元，占比 11.47%；水污染治理项目运营 6793 万元，占比 9.53%；其他业务 824 万元，占比 1.16%。其经营模式包括：（1）生产并销售水污染治理技术装备；（2）提供水环境整体解决方案服务；（3）提供水污染治理项目运营服务。公司已成为国内村镇污水治理细分市场的领跑企业。截至招股说明书签署日，实际控制人廖志民直接持有公司 61.23% 的股权，周涛直接持有公司 4.46% 的股权，廖志民、周涛为夫妻关系。

- **业绩快速增长，盈利水平维持高位，经营效率提升。** 公司 2016—2018 年营收分别为 2.73 亿元、4.84 亿元、7.14 亿元，复合增长 61.83%。公司 2016—2018 年综合毛利率分别为 64.94%、63.96% 和 65.57%，保持稳定。2016—2018 年可比上市公司平均毛利率分别为 41.74%、38.24%、39.39%，公司毛利率高于行业平均值。同时，公司总资产周转率也不断改善，2016—2018 年分别为 0.26%、0.39%、0.46%，公司经营效率不断提升。公司 2016—2018 年加权平均 ROE 分别为 14.76%、17.36%、24.02%，收益率稳步提升。

- **同步处置污染物提升效率，分散处置降低投资。** 公司坚持以研发为导向，2016—2018 年研发费用率分别为 5.12%、4.91%、6.03%。传统污水处理在多环节处理污染物，同时外排大量有机剩余污泥。公司 FMBR 外排污泥少，且能同步降解 C、N、

P。此外，公司的分布式污水处理模式可以就近收集、处理、资源化，避免长距离运输，可节约管网投资和占地面积。当前公司进一步智能化升级，打造"集中远程监控+4S流动站"的运维模式，实现无人值守下的稳定运行。**技术已实现产业化**。2015年公司FMBR技术被列入国家科技部、环保住建水利部发布的《节水治污水生态修复先进适用技术指导目录》，该技术已在近3000余套装备中应用。未来有望在黑臭水体治理、城乡污水厂建设升级中不断推广应用，同时公司开拓美国市场，进军海外。公司另一项核心技术JDL技术，无需加入絮凝剂、混凝剂、助凝剂，减少膜的堵塞，能有效分离水中不溶性金属化合物及其他悬浮物，实现重金属高效回收。

- **公司选择的上市标准为**：预计市值不低于人民币10亿元，最近两年净利润均为正且累计不低于人民币5000万元，或者预计市值不低于人民币10亿元，最近一年净利润为正且营业收入不低于人民币1亿元。由于环保行业仍处于成长期，公司具备业绩增长动力，且盈利具备可持续性，**应采用可比公司PE估值法进行估值**。
- **风险提示**：知识产权泄密风险；江西协议采购供货项目有效期届满带来的经营风险。

财务分析

	2016年	2017年	2018年
营业收入（百万元）	272.74	484.06	714.28
同比增长率（%）	—	77.48	47.56
归属于母公司的净利润（百万元）	85.96	146.72	236.15
同比增长率（%）	—	70.68	60.95
每股收益（元/股）	0.43	0.71	1.14
毛利率（%）	64.94	63.96	65.57
ROE（%）	14.76	17.36	24.02

财务指标

	2016 年	2017 年	2018 年
流动比率	2.10	3.52	2.40
资产负债率（%）	38.06	28.96	34.74
应收账款周转率	0.60	1.02	1.26
存货周转率	1.41	1.74	2.04

备注：以上分析基于 2019 年 4 月 15 日发布的招股说明书。

聚辰股份

——全球领先 EEPROM 设计企业，三大产品线合理布局

2019 年 4 月 3 日发布

投资要点：

- **专注于 EEPROM 芯片设计，以此为核心布局三大产品线。** 公司成立于 2009 年，目前拥有 EEPROM、音圈马达驱动芯片和智能卡芯片三大产品线，广泛应用于智能手机、液晶面板、蓝牙模块、通信等众多领域。公司为全球领先的 EEPROM 设计企业，2018 年 EEPROM 市占率全球第三，国内排名第一。在手机摄像头 EEPROM 领域市占率高达 43%。三大产品线布局合理，均以 EEPROM 为核心。智能卡芯片产品是将 EEPROM 技术与下游特定应用相结合的一类专用芯片，而音圈马达驱动芯片则是基于下游手机摄像头 EEPROM 客户需求的横向扩展。公司控股股东为江西和光，持股比例为 28.36%。公司实际控制人为陈作涛，合计控制公司 40.7% 股份。

- **营收平稳增长，期间费用减少致净利润高增，毛利率保持稳定，现金流状况良好。** 公司 2018 年营收规模 4.3 亿元，近 2 年增速分别为 12.1%、25.6%。2018 年归母净利润为 1.03 亿元，近 2 年增速分别为 62.9%、80.7%，主要系 2018 年度财务费用明显降低及股权激励相关的股份支付费用减少所致。近 3 年毛利率水平整体较稳定，分别为 45.5%、48.5%、45.9%。近 3 年经营性现金流净额分别为 3896 万元、7611 万元、9008 万元，和净利润差异不大。

- **EEPROM 细分领域技术储备丰富，客户资源优质。** 公司自研的高能效电荷泵设计技术，解决了 EEPROM 产品应用向低电压领域（如手机、蓝牙等）推进时遇到的电荷泵能力不足的

161

问题，使得公司在智能手机摄像头 EEPROM 领域实现领先地位。自主研发的在线纠错技术（ECC），大幅提升了产品可靠性，接近国际领先厂商汽车级 EEPROM 的水平。同时在微小化产品设计上也处于国内领先地位。公司拥有优质客户资源，手机端与舜宇、欧菲、丘钛、富士康等领军模组厂形成了长期稳定合作，产品应用于三星、华为、VIVO、小米等主流手机终端厂商。面板端则包括友达、群创、京东方等核心供应商。

- **未来进一步完善产品线并拓展在非易失性存储芯片市场的布局，转型全系列代码型存储芯片供应商。** 从募投项目来看，公司将对现有三大产品线进行持续的技术升级，并进一步将 EEPROM 产品的应用领域向汽车电子和 DDR5 内存条等更高附加值的市场拓展。同时向具有一定技术共通性的 NOR Flash 领域拓展，实现全系列代码型存储芯片市场布局。

- **公司采用第一套上市标准（市值＋净利润／收入），建议采用 PE 估值。** 考虑公司处于高速成长期，盈利能力较好，建议采用 PE 估值，可对标 A 股兆易创新、港股上海复旦。

- **风险提示：** 下游终端景气度下滑风险；产品迭代不及时失去先发优势风险。

财务分析

	2016 年	2017 年	2018 年
营业收入（百万元）	307	344	432
同比增长率（%）	—	12.05	25.58
归属于母公司的净利润（百万元）	35	57	103
同比增长率（%）		62.86	80.70
每股收益（元／股）	—	—	1.14
毛利率（%）	45.47	48.53	45.87
ROE（%）	24.45	26.97	32.61

财务指标

	2016 年	2017 年	2018 年
流动比率	4.43	5.85	5.86
资产负债率（％）	22.09	16.12	16.03
应收账款周转率	6.90	5.88	7.80
存货周转率	5.35	4.58	4.35

备注：以上分析基于 2019 年 4 月 2 日发布的招股说明书。

澜起科技
——内存接口解决方案龙头，聚焦云计算与 AI

2019 年 4 月 5 日发布

投资要点：

- **剥离消费电子业务，专注于内存接口芯片，顺势扩展至服务器平台。** 公司成立于 2004 年，主要从事为云计算和 AI 提供以芯片为基础的解决方案，目前产品包括内存接口芯片、津逮服务器 CPU 以及混合安全内存模组。公司为全球仅有的 3 家内存接口芯片供应商之一。公司于 2017 年剥离了包括机顶盒芯片、WIFI 芯片在内的消费电子芯片业务，聚焦于内存接口芯片相关业务。2018 年年底，基于自研 CPU 和混合安全内存模组顺势推出服务器平台。公司无控股股东和实际控制人，第一大股东为中电投控，持股比例 15.9%。

- **营收与净利润高增，毛利率大幅上行，经营性现金流稳健，研发投入占比高。** 公司营收保持稳健高速成长，2018 年营收 17.6 亿元，近 2 年增速分别为 45.3%、43.2%。净利润呈现爆发式增长，2018 年归母净利润 7.37 亿元，近 2 年增速分别为 273%、121%。毛利率处上行通道，近 3 年分别为 51.2%、53.5%、70.5%，2018 年大幅提升系剥离消费电子业务所致，高毛利率也反映公司内存接口芯片具有极强的竞争优势和盈利能力。近 3 年经营性现金流分别为 3.87 亿元、2.27 亿元、9.69 亿元。研发为公司核心驱动力，近 3 年研发占营收比重分别为 23.5%、15.3%、15.7%，处于较高水平。

- **自主架构纳入国际标准，技术迭代推动行业壁垒不断加深。** 内存接口芯片是服务器内存模组核心逻辑器件，主要是为了解决服务器 CPU 的高处理速度与内存存储设备不匹配的问题。公司现可提供从 DDR2 到 DDR4 内存全缓冲／半缓冲完整解决方案。自主研发的 DDR4 全缓冲"1+9"架构，被 JEDEC（全球微电子产业的领导标准机构）采纳为国际标准，掌握行业重要话语权。随着 DDR 内存的不断迭代，行业技术驱动的属性致使竞争壁垒不断提升，龙头聚集效应显现。DDR2 阶段行业参与者多达数十家，进入 DDR4 阶段目前仅有 3 家供应商。

- **未来持续深化产品技术迭代，布局 AI 芯片储备成长新动能。**从募投项目来看，公司未来将进一步强化在 DDR4 上的技术优势，并推进新一代 DDR5 内存芯片接口的研发和产业化。同时凭借在高速、低功耗、内存子系统芯片设计上的技术和人才储备，全面布局用于云端数据中心的 AI 芯片。

- **公司采用第一套上市标准（市值＋净利润／收入），建议采用 PE 估值。**考虑公司处于高速成长期，盈利能力优异，建议采用 PE 估值，可对标 A 股兆易创新、汇顶科技。

- **风险提示**：产品结构单一风险；产品迭代不及时失去先发优势风险。

财务分析

	2016 年	2017 年	2018 年
营业收入（百万元）	845	1228	1758
同比增长率（%）	—	45.33	43.16
归属于母公司的净利润（百万元）	93	347	737
同比增长率（%）	—	273.12	121.39
每股收益（元／股）	0.12	0.46	0.87
毛利率（%）	51.20	53.49	70.54
ROE（%）	11.35	33.52	37.11

财务指标

	2016 年	2017 年	2018 年
流动比率	4.90	5.32	9.57
资产负债率（%）	21.25	19.51	13.51
应收账款周转率	18.94	13.79	9.75
存货周转率	1.61	2.94	4.09

备注：以上分析基于 2019 年 4 月 1 日发布的招股说明书。

普门科技

——研发驱动型医疗器械公司，创面治疗技术全球领先

2019 年 4 月 18 日发布

投资要点：

- **治疗康复和体外诊断双产品线，研发驱动型医疗器械公司。** 公司是一家具有治疗康复和体外诊断双产品线的研发驱动型医疗器械公司。治疗与康复类产品主要包括医院或家用的光子治疗仪、红外治疗仪、多功能清创仪、空气波压力治疗仪等。体外诊断类产品主要包括电化学发光免疫测定仪、特定蛋白分析仪、糖化血红蛋白分析仪等设备及其配套试剂。在创面光子治疗领域，公司与中国人民解放军总医院第一附属医院等机构合作的科研项目曾获得国家科学技术进步奖一等奖。在体外诊断领域，公司已建成电化学发光、免疫比浊、液相色谱、免疫荧光四大检测平台，当前产品可以用于近 50 项临床检测项目。公司董事长刘先成先生直接持有公司 32.27% 的股份，为公司实际控制人。

- **业绩高速增长，研发费用较高。** 2016—2018 年公司营业收入分别为 1.75 亿元、2.51 亿元、3.23 亿元；归母净利润分别为 1038 万元、5642 万元、8114 万元；经营性现金流净额分别为 2800 万元、3525 万元、8114 万元；毛利率分别为 60.35%、60.98%、59.57%；研发费用占收入比重分别为 22.60%、19.92%、20.61%；销售费用占收入比重分别为 23.71%、21.71%、21.61%；在剔除 2016 年股份支付的影响后，公司的管理费用占收入比重分别为 5.92%、4.61% 和 4.00%。公司主要产品已经完成产业化，近年来业绩增长迅猛。公司治疗与康复产品壁垒较高，体外诊断产品采用封闭系统，整体毛利率比

167

较稳定。公司当前研发重点在体外诊断方面，研发费用占收入的比重高于行业平均水平。

- **创面光子治疗全球领先，拟募资支持研发并提升生产能力。** 公司是创面光子治疗领域龙头企业，曾作为起草单位参与完成了《红光治疗设备》行业标准。公司光子治疗仪填补了国内临床创面光子治疗领域的市场空白，技术水平处于国际领先地位，当前设备装配于国内 2000 余家各级医院。公司拟募资 6.32 亿元，主要用于建设康复治疗设备及智慧健康养老产品产业基地和体外诊断及康复治疗设备研发中心。

- **公司符合科创板第一套上市标准。** 公司近两年扣非归母净利润分别为 3663 万元、5147 万元，2018 年营业收入 3.23 亿元，预计公司市值不低于 10 亿元。符合《上海证券交易所科创板股票上市规则》2.1.2 第一项：预计市值不低于人民币 10 亿元，最近两年净利润均为正且累计净利润不低于人民币 5000 万元，或者预计市值不低于人民币 10 亿元，最近一年净利润为正且营业收入不低于人民币 1 亿元。

- **风险提示**：行业竞争加剧风险；政策风险；技术风险。

财务分析

	2016 年	2017 年	2018 年
营业收入（百万元）	174.54	250.83	323.43
同比增长率（%）	—	43.71	28.94
归属于母公司的净利润（百万元）	10.38	56.42	81.14
同比增长率（%）	—	443.55	43.81
每股收益（元 / 股）		0.16	0.21
毛利率（%）	60.35	60.98	59.57
ROE（%）	6.88	14.14	12.92

财务指标

	2016 年	2017 年	2018 年
流动比率	6.59	7.18	5.41
资产负债率（%）	25.47	17.34	17.68
应收账款周转率	211.37	80.88	31.77
存货周转率	3.30	3.06	3.40

备注：以上分析基于 2019 年 4 月 16 日发布的招股说明书。

容百科技

——高速增长的动力电池正极材料龙头

2019 年 3 月 23 日

投资要点：

- **公司是动力电池正极材料领军企业，技术领先打造竞争先发优势。** 公司于 2014 年 9 月成立，实际控制人是白厚善，控制公司 42.05% 的股权。公司主要从事锂电池正极材料及其前驱体的研发、生产和销售，主要产品包括 NCM523、NCM622、NCM811、NCA 等系列三元正极材料及其前驱体。三元正极材料主要用于锂电池的制造，并应用于新能源汽车动力电池、储能设备和电子产品等领域。根据 GGII 调研数据，2017 年我国三元材料产量 8.61 万吨，对应的前驱体需求量为 8.49 万吨，公司 2017 年产量 1.02 万吨，市占率达到 12%。公司主打高能量密度动力电池用正极材料，与宁德时代、比亚迪、LG 化学、天津力神、孚能科技、比克动力等国内外主流锂电池厂商建立了良好的合作关系，并通过持续的技术优化和产品迭代深化客户合作。2018 年公司实现营业收入 30.41 亿元，归母净利润 2.13 亿元，实现基本每股收益 0.56 元。

- **收入及利润持续高增，资产结构健康，盈利能力优质，现金流尚未转正。** 2016—2018 年公司营业收入复合增速达到 85%，归母净利润复合增速达到 456%，历史成长性强。公司资产负债率低，流动性管理稳健，2017 年公司资产负债率为 29.55%（行业平均 56.83%），2017 年流动比率为 2.76%（行业平均 1.29%），速动比率为 2.15%（行业平均 0.84%）。2016—2018 年，受益于公司在高镍材料研发上的先发优势，公司主营业务综合毛利率分别为 12.09%、14.86% 和 16.92%，高于可比公司当升科技及厦门钨业，公司期间费用率 10% 左右，保持稳定。2018 年公司经营活动现金流量净额−5.43 亿元，主要是动力电池行业回款期较长所致。公司加权平均净资产收益率 8.51%，处于行业平均水平。

- **高研发投入推动先进正极材料产品产业化，立志成为全球领先的新能源动力材料企业。** 公司致力于成为全球领先的新能源材料企业，设立伊始就确立了高能量密度及高安全性的产品发展方向，以产品差异化来提升竞争实力。公司拥有一支国际化的管理及研发团队，是国内首家实现高镍产品（NCM811）量产的正极材料生产企业，NCM811 产品的技术成熟度与生产规模均处于全球领先，2016—2018 年公司研发费用占收入比重保持在 4% 左右。本次募集资金用于 2025 动力型锂电材料综合基地（一期）项目，完成后将建成年产 6 万吨三元正极材料前驱体生产线。公司力争 2019 年跻身全球三元材料行业第一梯队；2021 年进入全球新能源材料企业前两位；2023 年成为全球综合第一的新能源材料企业；2028 年成为全球领先的新能源企业集群。

- **公司选择《上海证券交易所科创板股票上市规则》2.1.2 第四项条件作为申请上市标准，利用 PB-ROE 框架结合现金流模型估值。** 基于公司 2018 年度实现营业收入 30.41 亿元，并结合报告期内的外部股权融资情况、可比 A 股上市公司二级市场估值情况，公司选择适用《上海证券交易所科创板股票上市规则》2.1.2 第四项上市标准，即预计市值不低于人民币 30 亿元，且最近一年营业收入不低于人民币 3 亿元。建议用 PB-ROE 框架理解公司在行业景气周期中的位置，用 FCFF 绝对估值对公司长期价值进行定量评估。动力电池行业处于产品升级带来的新一轮成长周期，对单位盈利与高速增长期的增长率预期可适度乐观。

- **风险提示**：产业政策变化风险；竞争加剧导致盈利下降风险。

财务分析

	2016 年	2017 年	2018 年
营业收入（百万元）	885	1879	3041
同比增长率（%）	—	112.24	61.88
归属于母公司的净利润（百万元）	7	31	213
同比增长率（%）	—	352.64	583.92
每股收益（元／股）	—	—	0.56
毛利率（%）	12.09	14.86	16.92
ROE（%）	3.17	3.86	8.51

财务指标

	2016 年	2017 年	2018 年
流动比率	1.13	2.76	2.78
资产负债率（%）	69.92	29.55	26.55
应收账款周转率	3.42	3.48	3.29
存货周转率	9.21	6.5	6.05

备注：以上分析基于 2019 年 3 月 22 日发布的招股说明书。

172

赛诺医疗

——冠脉支架领军企业，高端介入医械领域，研发管线丰富

2019 年 4 月 1 日发布

投资要点：

- **公司成立于 2007 年，专注于冠脉药物支架和球囊扩张导管。**公司专注于高端介入医疗器械的研发、生产和销售，产品线涵盖心血管、脑血管、结构性心脏病等介入治疗的重点领域。核心产品包括：（1）心血管领域，公司自主研发的 BuMA 药物洗脱支架，已在国内 1000 余家医院使用，并在亚洲等国销售，累计植入超过 60 万套，2017 年国内市占率为 11.62%，位居国内心脏支架厂家第四；（2）脑血管领域，公司的 Neuro RX 产品是首款获 CFDA 批准上市的采用快速交换技术的颅内球囊扩张导管，已在国内 300 余家医院使用。公司的销售模式以经销为主、直销为辅，个别地区实行配送模式，根植中国，逐步在美国、日本、荷兰、法国等地进行国际化布局。公司实际控制人为孙箭华，其合计持有公司 33.37% 的股份。

- **业绩增长迅速，净利率快速提升。**2016—2018 年公司主营业务收入分别为 2.66 亿元、3.22 亿元、3.80 亿元；归母净利润分别为 2865 万元、6615 万元、8919 万元，增长迅速；经营活动产生的现金流净值分别为 4224 万元、7032 万元、9756 万元，经营状况不断提升；毛利率分别为 85.57%、83.84%、82.31%，下滑主要是 2017 年新厂房投入使用，折旧及装修长期摊销费用增加导致单位成本上升及部分产品销售单价小幅下降；净利率分别为 10.79%、20.54%、23.45%，提升速度较快；研发费

173

用分别为 7600 万元、5368 万元、6655 万元，研发费用占收入比重分别为 28.61%、16.67%、17.49%，研发费用下降主要是 BuMA 产品在 2017 年 5 月达到资本化时点，相对较高的研发投入体现了科创板医疗器械公司的特点，公司整体财务状况健康。

- **研发管线丰富，拟募资 1.67 亿元进行扩产能及研发中心建设。** 公司持续丰富产品线，目前公司的研发管线包括多个在心血管、脑血管及结构性心脏病介入治疗的高端器械，主要包括：（1）新一代 BuMA Supreme 冠脉药物洗脱支架，已在中美日欧等地区开展全球性临床研究，有望大幅缩短 PCI 术后的抗凝药物服用时间；（2）Nova 颅内药物洗脱支架，研发进展全球领先，已完成临床入组，目前处于临床随访阶段；（3）Accufit 可回撤、双支架、自锁定的介入二尖瓣膜置换技术，已进入产品设计验证阶段；（4）公司牵头承担的《全降解镁合金药物洗脱支架系统》课题（"十三五"国家重点研发计划）已进入产品设计验证阶段。公司拟募资 1.67 亿元进行高端介入治疗器械扩能升级项目及研发中心建设项目，提升研发能力的同时加速产品的放量。

- **符合科创板第二套上市标准。** 公司符合"预计市值不低于人民币 15 亿元，最近一期营业收入大于 2 亿元，最近三年累计研发投入占最近三年累计营业收入的比例大于 15%"的上市标准。公司的盈利能力较强，且增速较高，**建议采用 PE 或 PEG 方法估值。**

- **风险提示：** 新产品注册风险；市场竞争风险；研发风险；原材料供应和价格风险。

财务分析

	2016 年	2017 年	2018 年
营业收入（百万元）	265.61	322.00	380.42
同比增长率（%）	—	21.23	18.14
归属于母公司的净利润（百万元）	28.65	66.15	89.19
同比增长率（%）	—	130.87	34.84
每股收益（元/股）	0.14	0.29	0.25
毛利率（%）	85.57	83.84	82.31
ROE（%）	13.45	17.27	13.64

财务指标

	2016 年	2017 年	2018 年
流动比率	2.36	5.84	6.44
资产负债率（%）	27.80	14.59	13.00
应收账款周转率	3.69	3.77	4.40
存货周转率	2.13	1.97	1.55

备注：以上分析基于 2019 年 3 月 29 日发布的招股说明书。

天奈科技

——纳米级碳材料领军企业，碳纳米管应用前景广阔

2019 年 3 月 22 日发布

投资要点：

- **纳米级碳材料领军企业，碳纳米管导电浆料销售额及出货量均稳居国内首位。** 公司主要从事纳米级碳材料的研发、生产和销售，主要产品为碳纳米管粉体、导电浆料以及导电母粒，应用于锂电池、导电塑料等领域。公司是中国最大的碳纳米管生产企业，最近两年导电浆料销售额及出货量均稳居行业首位，市场份额分别为 34.1%、30.2%。公司高管团队郑涛（董事长）、严燕、蔡永略、张美杰以及叶亚文通过直接持股和间接控制的方式合计支配公司 30.37% 股份的表决权，为公司的实际控制人，此外上市公司新宙邦参股 3.95%。公司研发人员共 40 人，占比 20%，董事长郑涛曾在美国贝尔通讯担任研究科学家，2010 年开始管理公司，其他核心研发人员多为国内外知名高校博士、硕士。

- **三年收入、扣非净利润持续增长，经营性现金流有待改善。** 2016—2018 年，公司主营业务收入分别为 1.34 亿元、3.08 亿元、3.28 亿元；归母净利润分别为 975 万元、−1480 万元、6758 万元；扣非后净利润 521 万元、1009 万元、6500 万元，2017 年净利润亏损主要是客户沃特玛资金链出现问题，致使应收账款无法收回，计提减值准备 6979 万元所致。公司产品毛利率分别为 49.08%、42.11%、40.35%，研发费用占收入比重为 5.81%、4.53%、5.01%，经营活动产生的现金流量净额分别为 −537 万元、−2213 万元、−5689 万元。

- **突破碳纳米管连续化批量生产世界难题，秉承"生产一代，储备一代、研发一代"发展战略。** 公司与清华大学合作研发的纳米聚团流化床批量生产碳纳米管技术，彻底解决了碳纳米管连续化宏量制备生产的世界性难题，曾获得教育部自然科学一等奖，其碳纳米管制备技术已授权国际知名化工企业 SABIC 公司。在锂电池导电剂领域，公司客户涵盖比亚迪、ATL、CATL、天津力神、孚能科技等国内一流锂电池企业；导电塑料领域已和 SABIC、道达尔、科莱恩和普立万等知名化工企业合作，导电母粒已完成部分客户认证并小量供货；在芯片制造领域，公司与美国 Nantero 展开合作，已开始送样测试。公司以"生产一代、储备一代、研发一代"的战略，已形成三代性能不断提高的产品。目前公司已在研发导电性能更好的第四代产品，并规划第五代产品。

- **公司满足第一套标准第二款内容的上市标准，可选用 PE/PEG 等方法估值。**发行人本次发行选择《上海证券交易所科创板股票上市规则》中 2.1.2 条中第一套标准第二款内容，预计市值不低于人民币 10 亿元，最近一年净利润为正且营业收入不低于人民币 1 亿元。考虑公司盈利能力稳定，收入、扣非净利润持续增长，可选用 PE/PEG 等方法估值。
- **风险提示：**产品持续降价风险；新技术迭代风险；核心人员流失和技术泄密风险。

财务分析

	2016 年	2017 年	2018 年
营业收入（百万元）	134	308	328
同比增长率（%）	—	130.15	6.37
归属于母公司的净利润（百万元）	10	−15	68
同比增长率（%）	—	−251.79	453.33
每股收益（元/股）	—	—	0.40
毛利率（%）	49.08	42.11	40.35
ROE（%）	6.74	−6.22	11.64

财务指标

	2016 年	2017 年	2018 年
流动比率	1.95	2.32	2.35
资产负债率（%）	33.81	31.11	24.44
应收账款周转率	2.98	4.79	3.10
存货周转率	3.80	5.37	4.07

备注：以上分析基于 2019 年 3 月 22 日发布的招股说明书。

威胜信息

——国内物联网智能仪表优势供应商，业务多层面拓展

2019 年 4 月 12 日发布

投资要点：

- **公司是国内领先的物联网智能仪表供应商，实际控制人合计控制公司 74% 的股权。**公司是国内领先的物联网智能仪表与物联网公用事业解决方案供应商，以电力智能仪表为基础向水、燃气、消防等领域扩张，产品全面应用于物联网感知层、网络层与应用层，下游客户主要包括国家电网、南方电网等国内知名企业。公司现有业务中，通信网关业务与电检测终端分别占46%、18%。实际控制人吉为、吉喆父子由亲属关系构成一致行动人，合计控制公司 74% 的股权。

- **公司处于稳步快速增长阶段，毛利率较为稳定稍有下滑。**公司受益于公共事业物联网推进，主营业务持续稳定增长，2016年、2017 年、2018 年分别实现营收 6.80 亿元、9.95 亿元、10.39 亿元，CAGR 24%；实现归母净利润 0.81 亿元、1.49 亿元、1.77 亿元，CAGR 48%。2018 年由于下游电力产业需求结构变动，公司相关中标金额有所下降，营收与利润增速有所放缓。我们认为，电、煤、水等仪表物联网化是长期的大趋势，公司业务总体处于需求扩张通道中。公司 2016 年、2017 年、2018 年综合毛利率分别为 27.35%、35.61%、32.68%，在经过产品拓展期、生产优化期后，毛利率已有一定程度的提升，但由于通信模块产品原材料大幅上升，2018 年毛利率稍有下滑。整体而言，公司综合毛利率与可比公司之间无明显差异。

- **公司在物联网应用的多个核心领域经验丰富，多个募投项目助力物联网全面科技创新。**公司作为国内最早专业从事智慧公用

事业的厂商之一，已在通信、传感、嵌入式系统、边缘计算等领域自主研发多项核心技术，覆盖物联网各层级。目前公司围绕主营业务正在研发 16 项行业前沿技术，经费总投入预计约 1.5 亿元。近三年公司核心技术产品收入占营业收入的比例均在 98% 以上。公司拟科创板募投项目为物联网感知层设备扩产及技改项目（合计 1.23 亿元）、物联网网络层设备扩产及技改项目（2.05 亿元）、物联网综合研发中心项目（1.47 亿元）提供资金支持，同时补充营运资金（1.3 亿元），为公司进一步扩大产能，实现在物联网行业的技术创新。

- **公司选择预计市值不低于人民币 10 亿元、最近两年净利润为正且累计不低于 5000 万元的上市标准，我们认为宜采用可比公司 PE 估值法。**我们认为，公司公共事业物联网技术与模式已较为成熟，业务在下游电力市场已实现较高渗透率，公司处于利用核心技术实现下游应用扩展的时期，与 A 股上市的物联网智能仪表标的发展阶段接近，应采用可比公司 PE 估值法进行估值。

- **风险提示：**客户集中度较高风险；公司下游领域拓展受阻风险。

财务分析

	2016 年	2017 年	2018 年
营业收入（百万元）	680.31	995.09	1038.64
同比增长率（%）	—	46.27	4.38
归属于母公司的净利润（百万元）	80.51	149.01	176.97
同比增长率（%）	—	85.10	18.77
每股收益（元/股）	0.28	0.34	0.39
毛利率（%）	27.35	35.61	32.68
ROE（%）	9.27	14.08	14.25

财务指标

	2016 年	2017 年	2018 年
流动比率	2.24	2.61	2.73
资产负债率（母公司）(％)	40.83	21.85	24.63
应收账款周转率	1.07	1.51	1.53
存货周转率	1.63	4.34	5.21

备注：以上分析基于 2019 年 4 月 4 日发布的招股说明书。

微芯生物

——T 细胞淋巴瘤治疗领域领军企业

2019 年 3 月 29 日发布

投资要点：

- **T 细胞淋巴瘤治疗领域领军的创新药研发企业。**公司从事创新药研发和销售，产品包括已上市的抗癌药西达本胺（商品名"爱谱沙"），以及在研的胰岛素增敏剂西格列他钠、抗癌药西奥罗尼等，其中西达本胺为我国首款也是唯一一款专门治疗外周 T 淋巴细胞瘤的药物。由于上市前进行了多轮融资，公司股权较为分散，目前公司创始人鲁先平控制 31.86% 的股权，为公司实际控制人。

- **过去三年收入复合增长率达 48.11%。**公司 2016—2018 年收入分别为 0.85 亿元、1.11 亿元、1.48 亿元，2016—2018 年复合增速达 48.11%；归母净利润分别为 540 万元、2591 万元、3128 万元；扣非后净利润分别为 503 万元、1130 万元、1898 万元；经营活动产生的现金流净额分别为 6313 万元、510 万元、2384 万元；毛利率分别为 97.46%、95.24%、96.27%；研发费用分别为 2902 万元、3522 万元、4210 万元，而资本化的研发费用则分别为 2264 万元、3331 万元、4038 万元，合计研发费用占收入比重分别为 61%、62%、56%。公司的研发费用率显著高于 A 股已上市的可比公司，体现了创新药研发企业重研发的特点和投入研发的积极性。

- **公司拥有强大的创新药研发平台和丰富的专利储备。**创新药企业最核心的无形资产是公司的研发平台和专利储备。研发平台方面，公司构建了利用微阵列基因芯片技术进行药物筛选的技术平台（公司名称也源自这个平台），并成功研发出西达本胺、西奥罗尼等创新药。而专利方面，公司已经获得 59 项境内外专利授权。未来公司将继续以这一平台为基础进行创新药研发，并扩大已上市产品西达本胺的适应症（如乳腺癌和非小细胞肺癌）以增加营收。

- 公司选择《上海证券交易所科创板股票上市规则》2.1.2 第一项条件作为申请上市标准，建议使用 DCF 法或 P/S 法估值。2018 年公司归母净利润为 3128 万元，2018 年营业收入为 1.48 亿元，预计市值不低于 10 亿元，因此公司符合《上海证券交易所科创板股票上市规则》2.1.2 第一项条件：预计市值不低于人民币 10 亿元，最近一年净利润为正且营业收入不低于人民币 1 亿元。我们认为对创新药企业，应采用对每一款药物的每一个适应症进行 DCF 法估值，最后再进行加总的方法，也可以对每款药物的每一个适应症未来的峰值销售额给予 2—4 倍 P/S 估值，最后再进行加总得到公司的估值。具体方法可参阅我们 2019 年 3 月 20 日发布的研究报告《科创板·创新药企业的估值方法——在研管线的 NPV 价值与期权价值，以复旦张江为例》。
- 风险提示：研发进度低于预期的风险；下游客户较为集中的风险。

财务分析

	2016 年	2017 年	2018 年
营业收入（百万元）	85.36	110.50	147.69
同比增长率（%）	87.77	29.45	33.66
归属于母公司的净利润（百万元）	5.4	25.91	31.28
同比增长率（%）	0.37	379.81	20.73
每股收益（元/股）	0.02	0.07	0.09
毛利率（%）	97.46	95.24	96.27
ROE（%）	2.69	7.37	6.46

财务指标

	2016 年	2017 年	2018 年
流动比率	2.03	4.05	2.86
资产负债率（%）	45.86	31.13	33.25
应收账款周转率	16.62	6.44	3.94
存货周转率	0.79	0.81	0.63

备注：以上分析基于 2019 年 3 月 27 日发布的招股说明书。

中国通号

——国内列控系统绝对龙头，科创板募投强化全球优势

2019 年 4 月 18 日发布

投资要点：

- **公司是全球领先的轨交控制系统供应商，实际控制人为国资委**。公司是国内轨交列控系统的绝对龙头，为客户提供轨道交通控制系统全产业链上的产品与服务，主要包括轨交控制系统（集设计集成、设备制造、系统交付服务于一体化）与工程总承包两大业务，通过公开招标方式获取订单，下游客户主要为国内各铁路、客专、城市轨道交通公司，2016 年、2017 年、2018 年前五大客户销售收入占比分别为 58%、47%、39%，客户集中度较高。截至 2018 年年末，在高铁领域，公司高铁控制系统所覆盖的总中标里程居世界第一，按照国内高铁控制系统集成项目累计中标里程统计，公司中标里程覆盖率超 60%；在城轨交通领域，公司城轨交通控制系统覆盖了我国已运营及已完成控制系统招标的线路超 80 条，按中标合同金额统计，报告期内公司市场份额约 40%。公司已于 2015 年 8 月发行 H 股在香港联交所主板挂牌上市，本次科创板发行前公司的控股股东通号集团持股比例为 75.14%，国务院国资委持有通号集团 100% 的股权，为公司的实际控制人。

- **营收规模稳步扩张，盈利能力业内领先**。受益于下游铁路特别是高铁与城轨建设需求持续增长，公司营收与归母净利润分别从 2016 年的 298 亿元、30 亿元增长至 2018 年的 400 亿元、34 亿元。2018 年公司毛利率、净利率、ROE 分别为 22.70%、9.29%、13.58%，较上年同期分别增长−1.96pct、−0.65pct、−

0.51pct，毛利率受产品结构影响有所下滑，但公司毛利率与净利率依然分别高出行业平均水平 6.67pct、5.14pct，竞争优势显著。

- **技术驱动公司成长，募投项目进一步提升综合实力。技术驱动规模扩张：** 列控系统需根据下游需求不断进行技术升级与产品迭代，是典型的技术驱动型市场，2016—2018 年，公司研发支出占营收比保持在 3.5% 左右，累计研发支出达到 36 亿元，持续高强度的研发投入支撑公司业绩扩张。**核心技术实现高度产业化：** 在铁路领域，公司自成立至今已完成 50 多条铁路的集成项目，在报告期内完成了 190 多个设计项目，截至招股说明书签署日，公司正执行 15 条铁路的集成项目与 500 多个设计项目；在城轨领域，公司自成立以来完成了 110 多项集成项目与 160 多个设计项目，截至招股说明书签署日，公司正参与 90 多项集成项目与 180 多个设计项目，我们认为公司的核心技术已经实现了高度产业化。**募投提升综合竞争力：** 本次募投资金将用于先进及智能技术研发项目（46 亿元）、先进及智能制造基地项目（25 亿元）、信息化建设项目（3 亿元）以及补充流动资金（31 亿元），将进一步提升公司的综合竞争实力，助力公司在国内市场持续增长与全球范围内的扩张。

- **发行人选择预计市值不低于人民币 30 亿元，且最近一年营业收入不低于人民币 3 亿元的上市标准，适用于可比公司 PE 估值法。** 公司多年发展业务已经成熟，核心技术产业化程度高，可参照 A 股、港股与其他海外市场轨交信号系统龙头公司，适用可比公司 PE 估值法进行估值。

- **风险提示：** 国内轨交建设大幅减速风险；公司中标率断崖式下跌风险；技术提升不达预期风险；已有产品出现较大质量问题风险。

财务分析

	2016 年	2017 年	2018 年
营业收入（百万元）	29770	34586	40013
同比增长率（%）	—	16.18	15.69
归属于母公司的净利润（百万元）	3045	3222	3409
同比增长率（%）	—	5.83	5.77
每股收益（元 / 股）	0.35	0.37	0.38
毛利率（%）	26.20	24.66	22.70
ROE（%）	15.03	14.09	13.58

财务指标

	2016 年	2017 年	2018 年
流动比率	1.57	1.42	1.37
资产负债率（%）	54.89	58.81	62.01
应收账款周转率	3.56	3.40	3.26
存货周转率	2.07	1.55	1.10

备注：以上分析基于 2019 年 4 月 16 日发布的招股说明书。

中科星图

——国内 GEOVIS 数字地球平台及数据服务龙头，
国产替代拓展市场空间

2019 年 4 月 1 日发布

投资要点：

- **公司为国内数字地球平台及服务领军者，专注于 GEOVIS 数字地球平台、服务及解决方案。** 公司数字地球平台及服务产品以空天大数据为基础，主要用于国防、自然资源、交通、气象、海洋等行业客户进行地理信息识别和处理工作。**公司 GEOVIS 数字地球平台及应用技术优势明显**，公司依托"国家高分辨率对地观测系统"重大科技专项，目前已研发并推出五代产品，第五代平台实现空天大数据从引接到分析可视化的完整功能。**公司积极践行国家军民融合战略，产品已实现体系化**，在中央军委相关部门批准同意后，数字地球开始应用于民用客户，公司产品已形成体系化，并逐渐实现对国外数字地球产品的进口替代。

- **公司营业收入高速增长，客户结构稳定，盈利能力强。** 公司处于高速成长期，2016—2018 年营收复合增长率 105.61%。**公司毛利率近年来保持稳定，并处于较高水平**，2016—2018 年毛利率分别为 53.07%、46.70%、55.59%，公司 2017 年毛利率下降主要是由于当年推出 GEOVIS 一体机产品，硬件成本较高且产量有限尚未摊薄所致，公司核心业务 GEOVIS 软件及数据销售毛利率近年来较为稳定。**公司极为重视研发，近 3 年研发投入营收占比均保持在 10% 以上**，2016—2018 年研发投入复合增速达 98.88%，占营收比重分别为 13.09%、10.34%、12.25%，研发费用绝对额高速增长且占比稳定。**公司整体净利率水平较高**，2016—2018 年分别为 17.63%、17.25%、

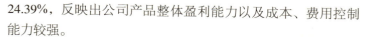

24.39%，反映出公司产品整体盈利能力以及成本、费用控制能力较强。

- **公司在国内数字地球平台领域具有领先地位。**公司在国内先于对手从事数字地球产品研发与产业化，且已攻克云计算、大数据及空天信息智能处理等核心技术，公司 GEOVIS 数字地球产品先后获得"北京市科学技术奖一等奖"和"军队科技进步一等奖"。**公司实际控制人为中科院电子所，行业积淀深厚，**中科院拟依托电子所、遥感与地球研究所、光电研究院筹建中科院空天信息研究院，整合完成后将有力支撑公司持续进行数字地球平台技术创新。

- **建议采用 PE 或 PEG 估值。**根据上海证券交易所发布的《上海证券交易所科创板股票发行上市审核规则》，发行人选择的上市标准为"预计市值不低于 10 亿元，最近两年净利润均为正且累计不低于人民币 5000 万元"，建议采用 PE 或 PEG 估值方法。

- **风险提示：**公司新一代 GEOVIS 研制进度不达预期风险；国家数字地球政策变化风险。

财务分析

	2016 年	2017 年	2018 年
营业收入（百万元）	84	226	357
同比增长率（%）	—	168.37	57.54
归属于母公司的净利润（百万元）	15	39	87
同比增长率（%）	—	162.53	122.60
每股收益（元 / 股）	—	—	0.53
毛利率（%）	53.07	46.70	55.59
ROE（%）	57.67	73.33	51.02

科创板投资一本通

财务指标

	2016 年	2017 年	2018 年
流动比率	1.35	1.56	1.84
资产负债率（%）	66.85	59.27	50.95
应收账款周转率	5.25	3.41	2.01
存货周转率	3.60	6.10	4.90

备注：以上分析基于 2019 年 3 月 29 日发布的招股说明书。

卓易科技

——大陆唯一 X86 架构 BIOS 独立供应商

2019 年 4 月 21 日发布

投资要点：

- **中国大陆唯一 X86 架构 BIOS 独立供应商。**公司专注于"自主、安全、可控"的云计算业务，拥有自主知识产权的云计算设备核心固件（BIOS、BMC）技术以及云平台技术，是国内少数掌握 X86、ARM、MIPS 等多架构 BIOS 技术及 BMC 固件开发技术的厂商，中国大陆唯一、全球四家之一的 X86 架构 BIOS 独立供应商。公司同时是国内少数几家能够为国产芯片龙芯（MIPS 架构）、华为（ARM 架构）等提供 BIOS 固件技术服务的厂商。

- **安全、优质的云服务业务提供商。**公司拥有云计算设备核心 BIOS、BMC 固件技术，可以为云服务业务的客户提供从计算设备底层硬件级别开始的、更为全面与自主可控的云计算服务。同时公司搭建了具有自主知识产权的云平台架构，完整涵盖物联网层、IaaS 层、DaaS 层、PaaS 层和 SaaS 层，是国内少数能够提供端到端云服务的公司。另外公司提供成熟的政企云方案，能够在不影响政府原有数据的基础上，实现政府间各部门，以及企业各部门的数据连通。

- **国产替代政策支持，行业高速发展可期。**国家日益重视信息安全，公司将直接受益于《国家信息化发展战略纲要》提出的国家信息技术自主、安全、可控，国产云计算设备市场规模将快速增长。公司可以为国产 CPU 厂商和云计算设备厂商实现规模化、可靠的 BIOS、BMC 固件产品配套，公司的销售规模有望稳步提升。

- **拟募集资金约 3.5 亿元。**募集资金将投资国产 BIOS 固件和 BMC 固件产品系列开发项目 1.5 亿元、基于大数据的卓易政企云服务产品系列建设项目 2 亿元。

- **营收净利快速增长，研发费用高占比。**2016—2018 年，公司营业收入分别为 11981.65 万元、15235.66 万元、17569.40 万元；归母净利润分别为 2862.40 万元、3307.33 万元、5157.78 万元；毛利率分别为 53.52%、44.91%、49.19%；公司研发费用分别为 1238.54 万元、1550.12 万元、2039.45 万元；研发费用占收入比重分别为 10.34%、10.17%、11.61%。

- **选择第一条上市标准，建议采用 PE 估值方式。**公司符合《上海证券交易所科创板股票上市规则》2.1.2 第一项上市标准：预计市值不低于人民币 10 亿元，近两年净利润均为正且累计净利润不低于人民币 5000 万元，或者预计市值不低于人民币 10 亿元，近一年净利润为正且营业收入不低于人民币 1 亿元。

- **风险提示：**客户集中度高的风险；云服务业务区域集中风险；核心技术人员流失风险。

财务分析

	2016 年	2017 年	2018 年
营业收入（百万元）	120	152	176
同比增长率（%）	—	26.66	15.79
归属于母公司的净利润（百万元）	29	33	52
同比增长率（%）	—	13.79	57.58
每股收益（元 / 股）	0.44	0.51	0.79
毛利率（%）	53.52	44.91	49.19
ROE（%）	14.84	14.62	19.21

财务指标

	2016 年	2017 年	2018 年
流动比率	2.74	4.28	4.59
资产负债率（%）	26.48	19.09	17.91
应收账款周转率	1.07	1.29	1.32
存货周转率	10.12	10.89	6.99

备注：以上分析基于 2019 年 4 月 10 日发布的招股说明书。

科创板 2019 年 4 月底前受理企业基本信息及投资亮点表

序号	公司简称	发行量（万股）	2018年营业收入（亿元）	2018年净利润（扣非前后归属净利孰低）（亿元）	拟选择的上市标准	证监会行业分类	主营业务/产品	亮点
1	科前生物	12000	7.35	3.52	第一套	医药制造业	猪用疫苗和禽用疫苗	国内领先人兽用生物制品企业
2	安翰科技	4000	3.22	0.25	第一套	专用设备制造业	"磁控胶囊胃镜系统"机器人	行业领先的高端医疗装备研发和生产企业
3	和舰芯片	40000	36.94	−1.46	第四套	计算机、通信和其他电子设备制造业	12 英寸及 8 英寸晶圆	全球少数完全掌握28nmPoly-SiON和HKMG双工艺方法的晶圆制造企业之一，在国内晶圆代工企业中排名第四
4	容百科技	4500	30.41	2.03	第四套	计算机、通信和其他电子设备制造业	锂电池正极材料及其前驱体	国内锂电池三元正极材料行业的主要企业之一，国内首家量产高镍产品（NCM811）的企业
5	利元亨	2000	6.81	1.22	第一套	专用设备制造业	锂电池生产设备	国内锂电池制造装备行业领先企业之一

续表

序号	公司简称	发行量（万股）	2018年营业收入（亿元）	2018年净利润（扣非前后归属净利孰低）（亿元）	拟选择的上市标准	证监会行业分类	主营业务/产品	亮点
6	江苏北人	2934	4.13	0.46	第一套	专用设备制造业	柔性自动化、智能化的工作站和生产线	工业机器人柔性焊接集成领域领先企业
7	天奈科技	5796	3.28	0.65	第一套	化学原料及化学制品制造业	碳纳米管粉体、碳纳米管导电浆料、石墨烯复合导电浆料、碳纳米管导电母粒等	纳米级碳材料领军企业，碳纳米管导电浆料销售额及出货量均稳居国内首位，突破碳纳米管连续化批量生产世界难题
8	睿创微纳	6000	3.84	1.13	第一套	计算机、通信和其他电子设备制造业	红外热成像核心技术的集成电路	红外热成像技术自主可控的核心推动者
9	晶晨股份	4112	23.69	2.71	第四套	计算机、通信和其他电子设备制造业	多媒体智能终端SoC芯片	采用业内最先进12纳米工艺，高清音视频处理技术领先
10	世纪空间	6065	6.04	0.51	第一套	软件和信息技术服务业	卫星遥感数据及服务产品	高速增长的商用卫星遥感大数据服务领军者
11	虹软科技	4001	4.58	1.75	第四套	软件和信息技术服务业	视觉人工智能技术的研发和应用	最早推出了图像编辑软件，世界上最早进入移动端的传统影像软件公司之一

续表

序号	公司简称	发行量（万股）	2018年营业收入（亿元）	2018年净利润（扣非前后归属净利孰低）（亿元）	拟选择的上市标准	证监会行业分类	主营业务/产品	亮　点
12	国盾量子	2000	2.65	0.23	第二套	计算机、通信和其他电子设备制造业	量子保密通信产品	前沿科技新星，国内量子通信产业龙头企业
13	光峰科技	4262	13.86	1.65	第一套	计算机、通信和其他电子设备制造业	激光投影整机和激光光学引擎	激光投影光学引擎核心供应商，激光显示产业化先锋
14	华兴源创	4010	10.05	2.37	第一套	专用设备制造业	平板显示及集成电路的检测设备	中国大陆面板产能已经居世界第一，面板检测设备具备全球竞争力
15	贝斯达	4500	4.71	1.00	第一套	专用设备制造业	大型医学影像诊断设备	国内磁共振设备领先企业，产品线丰富，首批"国家高新技术企业"
16	特宝生物	4650	4.48	0.16	第四套	医药制造业	重组蛋白质及其长效修饰药物	重组蛋白类药物领军企业，拥有4款已上市产品，拥有成熟的重组蛋白修饰平台和蛋白质生产平台
17	微芯生物	5000	1.48	0.19	第一套	医药制造业	小分子专利创新药物	T细胞淋巴瘤治疗领域领军创新药研发企业

196

续表

序号	公司简称	发行量（万股）	2018年营业收入（亿元）	2018年净利润（扣非前后归属净利款低）（亿元）	拟选择的上市标准	证监会行业分类	主营业务/产品	亮 点
18	鸿泉物联	2500	2.48	0.54	第一套	计算机、通信和其他电子设备制造业	智能增强驾驶系统和高级辅助驾驶系统	各类产品在商用车细分市场占有率和技术水平均处于国内领先地位，关键核心技术国内领先
19	福光股份	3880	5.52	0.78	第一套	仪器仪表制造业	变焦镜头、定焦镜头、定制产品	军民融合发展的光学镜头领先企业
20	传音控股	8000	226.46	6.57	第一套	计算机、通信和其他电子设备制造业	以手机为核心的智能终端	全球功能机霸主，非洲手机市场的龙头企业
21	交控科技	4000	11.63	0.60	第一套	铁路、船舶、航空航天和其他运输设备制造业	城市轨道交通信号系统	国内十二家城市轨道交通信号系统总承包商之一，国内首家成功研制并应用CBTC核心技术的厂商，行业内国产厂商的龙头企业
22	中科星图	5500	3.57	0.70	第一套	软件和信息技术服务业	GEOVIS数字地球平台及服务及解决方案	国内数字地球平台及服务领军者，专注于GEOVIS数字地球平台、服务及解决方案

续表

序号	公司简称	发行量（万股）	2018年营业收入（亿元）	2018年净利润（扣非前后归属净利孰低）（亿元）	拟选择的上市标准	证监会行业分类	主营业务/产品	亮　点
23	当虹科技	2000	2.04	0.61	第一套	软件和信息技术服务业	视频直播产品和内容生产产品	专注于智能视频技术的算法研究；在智能视频软件领域有不俗的研发实力
24	新光光电	2500	2.08	0.65	第一套	计算机、通信和其他电子设备制造业	光学目标与场景仿真、光电专用测试和激光对抗等方向的高精尖组件、装置、系统和解决方案	国内军用光学仿真领域领军者，光学制导、测试模块也已批产装备
25	安集科技	1328	2.48	0.43	第一套	计算机、通信和其他电子设备制造业	化学机械抛光液和光刻胶去除剂	国内半导体材料行业领先供应商，化学机械抛光液2018年全球市场占有率为2.44%
26	木瓜移动	2258	43.28	0.83	第一套	互联网和相关服务	出海大数据营销	海外营销领军企业；客户包括点点互动、360、今日头条等，主要覆盖FB、Google渠道，研发投入占公司总费用的40%

续表

序号	公司简称	发行量（万股）	2018年营业收入（亿元）	2018年净利润（扣非前后归属净利孰低）（亿元）	拟选择的上市标准	证监会行业分类	主营业务/产品	亮点
27	赛诺医疗	8000	3.80	0.88	第二套	专用设备制造业	冠脉药物支架和球囊扩张导管	冠脉支架领军企业，高端介入医械领域研发线丰富
28	中微公司	5349	16.39	0.91	第四套	专用设备制造业	高端半导体微观加工设备、半导体设备	已成为世界排名前列、国内占主导地位的氮化镓基LED设备制造商
29	博众精工	4001	25.18	3.07	第一套	专用设备制造业	消费电子自动化设备与治具	国产自动化生产设备领先企业
30	优刻得	12140	11.87	0.80	同股不同权第二套	互联网和相关服务	基础IT架构产品、大数据产品、人工智能产品	定位公有云厂商，市占率4.8%，排名第六，客户留存率不断提升
31	澜起科技	11298	17.58	6.98	第一套	计算机、通信和其他电子设备制造业	内存接口芯片，津逮服务器CPU以及混合安全内存模组	内存接口解决方案龙头
32	天准科技	4840	5.08	0.86	第三套	专用设备制造业	视觉装备，包括精密测量仪器、智能检测装备、智能制造系统、无人物流车等	全球内存接口芯片的主要供应商之一

续表

序号	公司简称	发行量（万股）	2018年营业收入（亿元）	2018年净利润（扣非前后归属净利孰低）（亿元）	拟选择的上市标准	证监会行业分类	主营业务/产品	亮点
33	海尔生物	7927	8.42	0.55	第一套	专用设备制造业	生物医疗低温存储设备	自2005年起实现技术突破和进口替代，打破国际垄断，市占率居国产品牌首位
34	聚辰股份	3021	4.32	1.01	第一套	计算机、通信和其他电子设备制造业	EEPROM芯片设计	全球领先EEPROM芯片设计企业；2018年EEPROM市占率全球第三、国内排名第一
35	晶丰明源	1540	7.67	0.74	第一套	软件和信息技术服务业	LED照明驱动芯片、电机驱动芯片等电源管理驱动类芯片	国产LED驱动芯片龙头，技术突破实现国产替代
36	创鑫激光	2459	7.10	1.01	第一套	专用设备制造业	连续光纤激光器、脉冲光纤激光器	国内首批成立的激光器制造商，最早实现光纤激光器领域进口替代的主力军之一，2018年为国内市场第二大本土激光器制造企业
37	申联生物	5000	2.75	0.82	第一套	医药制造业	兽用生物制品	口蹄疫合成肽疫苗龙头企业，猪口蹄疫OA二价灭活疫苗或将成为新的业绩增长点

续表

序号	公司简称	发行量（万股）	2018年营业收入（亿元）	2018年净利润（扣非前后归属净利孰低）（亿元）	拟选择的上市标准	证监会行业分类	主营业务/产品	亮 点
38	乐鑫科技	2000	4.75	0.88	第一套	计算机、通信和其他电子设备制造业	物联网Wi-Fi MCU通信芯片及其模组	在Wi-Fi通信芯片领域的技术水平达到行业领先水平，设计出双模Wi-Fi和蓝牙MCU通信芯片和AI-IoT相关技术
39	恒安嘉新	2597	6.25	0.87	第一套	软件和信息技术服务业	提供基于互联网和通信网络的网络信息安全综合解决方案及服务	"云—网—边—端"领先网络安全厂商
40	苑东生物	3009	7.69	0.86	第一套	医药制造业	乌苯美司胶囊、富马酸比索洛尔等化学药制剂	拥有16款上市化学药，其中3款为首仿药上市，拥有领先的药物晶型集成创新及产业化技术
41	紫晶存储	4760	4.02	1.02	第一套	计算机、通信和其他电子设备制造业	光存储介质、光存储设备以及基于光存储技术的数据智能分层存储及信息技术解决方案	实施"硬件+软件"两大支柱并举的技术创新战略，在光存储行业处于领先地位

续表

序号	公司简称	发行量（万股）	2018年营业收入（亿元）	2018年净利润（扣非前后归属净利孰低）（亿元）	拟选择的上市标准	证监会行业分类	主营业务/产品	亮点
42	美迪西	1550	3.24	0.51	第一套	研究和试验发展	一站式临床前研发服务	国内领先的CRO企业；成功接轨国际，免疫肿瘤等领域打造局部竞争优势
43	南微医学	3334	9.22	1.75	第一套	专用设备制造业	微创医疗器械	微创医疗器械领先企业，国内国际市场双轮驱动；研发管线不断拓展延伸
44	龙软科技	1769	1.25	0.31	第一套	软件和信息技术服务业	煤矿基础地理信息系统与专业应用软件	煤炭工业安全生产和智能开采信息化管理软件研发的龙头企业
45	安博通	1280	1.95	0.60	第一套	软件和信息技术服务业	安全网关产品	国内领先的网络安全服务提供商
46	铂力特	2000	2.91	0.39	第一套	通用设备制造业	金属增材制造相关技术及产品	国产3D打印设备与增材龙头；在金属3D打印工艺技术与生产能力方面达到世界一流水平
47	威胜信息	15000	10.39	1.62	第一套	计算机、通信和其他电子设备制造业	智慧能源管理完整解决方案	国内领先的物联网智能仪表供应商，在物联网应用的多个核心领域经验丰富

续表

序号	公司简称	发行量（万股）	2018年营业收入（亿元）	2018年净利润（扣非前后归属母净利孰低）（亿元）	拟选择的上市标准	证监会行业分类	主营／产品业务	亮　点
48	瀚川智能	2700	4.36	0.63	第一套	专用设备制造业	汽车电子、医疗健康、新能源电池等行业智能制造装备	在汽车电子和医疗健康等行业积累了大量全球知名客户，是国内智能制造装备行业为数不多的走出国门、业务布局海外、与国外一线同行竞争的企业
49	杰普特	2309	6.66	0.83	第一套	计算机、通信和其他电子设备制造业	激光器以及主要用于集成电路和半导体光电相关器件精密检测及微加工的智能装备	国内激光设备领先企业，国内首家实现MOPA激光器商用化的企业
50	热景生物	1555	1.87	0.38	第一套	医药制造业	体外诊断试剂及仪器	IVD行业领先企业，深耕肝病检测等领域、多项技术国内外领先
51	博瑞医药	4100	4.11	0.75	第一套	医药制造业	医药中间体、原料药和制剂产品	仿创结合的新型药企、拥有恩替卡韦、卡泊芬净等四十多种高端化学药物的生产核心技术

203

科创板投资一本通

续表

序号	公司简称	发行量（万股）	2018年营业收入（亿元）	2018年净利润（扣非前后归属净利孰低）（亿元）	拟选择的上市标准	证监会行业分类	主营业务/产品	亮 点
52	视联动力	4001	11.52	4.65	第一套	计算机、通信和其他电子设备制造业	"视联网"系列高清视频通信产品	深耕"视联网"的领先高清视频通信供应商
53	山石网科	4506	5.66	0.72	第一套	软件和信息技术服务业	网络安全产品及服务	网络安全领域前沿技术的创新者，连续入选 Gartner 魔力象限，拥有较强市场竞争力
54	安恒信息	1852	6.40	0.68	第一套	软件和信息技术服务业	网络信息安全基础产品、平台及服务	安全产品持续多年市场份额位居行业前列；Web 应用防火墙进入亚太区 Web 应用防火墙魔力象限，威胁情报产品入围 IDC 中国威胁情报安全服务 MarketScape
55	海天瑞声	1000	1.93	0.62	第一套	软件和信息技术服务业	人工智能数据资源产品和相关服务	全球领先的人工智能数据资源服务商，拥有超过 500 个自主知识产权可授权使用数据库
56	石头科技	1667	30.51	3.08	第一套	电气机械及器材制造业	智能清洁机器人等智能硬件	国际上激光雷达智能扫地机器人领域的领先企业

204

续表

序号	公司简称	发行量（万股）	2018年营业收入（亿元）	2018年净利润（扣非前后归属净利孰低）（亿元）	拟选择的上市标准	证监会行业分类	主营业务/产品	亮点
57	宝兰德	1000	1.22	0.51	第一套	软件和信息技术服务业	企业级基础软件及智能运维产品、运维技术服务	自主可控领军企业，中同类领域的知名品牌
58	华熙生物	4956	12.63	4.24	第一套	医药制造业	各类透明质酸原料和其他衍生品	全球领先的透明质酸生产企业，透明质酸产量近180吨，产业化规模位居全球领先地位
59	方邦电子	2000	2.75	1.12	第一套	计算机、通信和其他电子设备制造业	高端电子材料，包括电磁屏蔽膜、导电胶膜、极薄挠性覆铜板及超薄铜箔等	全球三大手机屏蔽膜生产商之一，业务规模及市场占有率居行业第二位
60	柏楚电子	2500	2.45	1.37	第一套	软件和信息技术服务业	激光切割控制系统	国内中低功率激光切割控制系统龙头，多项技术位于国内领先地位
61	卓易科技	2174	1.76	0.42	第一套	软件和信息技术服务业	提供多架构BIOS技术及BMC固件开发技术服务	中国大陆唯一、全球四家之一的X86架构BIOS独立供应商

205

续表

序号	公司简称	发行量（万股）	2018年营业收入（亿元）	2018年净利润（扣非前后归属净利取低）（亿元）	拟选择的上市标准	证监会行业分类	主营业务/产品	亮　点
62	广大特材	4180	15.07	1.20	第一套	金属制品业	特殊合金材料	高端特殊合金材料领先者
63	心脉医疗	1800	2.31	0.84	第一套	专用设备制造业	主动脉及外周血管介入医疗器械	我国主动脉血管介入医疗器械的龙头企业
64	泰坦科技	1760	9.26	0.54	第一套	研究和试验发展	为创新研发、生产质控实验室提供科学服务一站式技术集成解决方案	国内科学服务业的领先企业；客户数量达8400家，品牌矩阵形成，平台优势显现
65	联瑞新材	2149	2.78	0.56	第一套	非金属矿物制品业	硅微粉	国内规模最大的硅微粉企业、硅微粉制造技术领先
66	沃尔德	2000	2.62	0.63	第一套	专用设备制造业	超高精密和高精密超硬刀具及超硬材料制品	国内领先、国际一流的超硬刀具供应商，成功打破了日本企业在液晶面板切割领域的垄断地位
67	航天宏图	4150	4.16	0.60	第一套	软件和信息技术服务业	遥感和北斗导航卫星应用服务商	国内遥感、北斗行业应用系统设计开发领军者

续表

序号	公司简称	发行量（万股）	2018年营业收入（亿元）	2018年净利润（扣非前后归属净利润低）（亿元）	拟选择的上市标准	证监会行业分类	主营业务和产品	亮　　点
68	天宜上佳	7000	5.58	2.59	第一套	铁路、船舶、航空航天和其他运输设备制造业	高铁动车组用粉末冶金闸片	国内领先的高铁动车组用粉末冶金闸片供应商
69	华特股份	3000	8.18	0.62	第一套	化学原料及化学制品制造业	特种气体	率先打破集成电路等尖端领域气体进口制约，进入全球主流半导体供应链。目前是我国唯一通过ASML公司认证的气体公司，亦是全球仅有的Ar/F/Ne、Kr/Ne、Ar/Ne和Kr/F/Ne 4个产品全部通过其认证的四家气体公司之一
70	凌志软件	4001	4.67	0.89	第一套	软件和信息技术服务业	金融科技领域的技术和产品解决方案	金融软件开发经验丰富，具有研发效率优势，市场占有率处于国内领先地位
71	国科环宇	1000	1.87	0.13	第一套	铁路、船舶、航空航天和其他运输设备制造业	提供我国载人航天、北斗卫星导航系统、高分辨率对地观测系统等电子系统的解决方案	国内航天关键电子系统供应商，承担载人航天及载荷大专项、北斗在国内处理及运营信号等航天级有效领域处于国内领先地位

续表

序号	公司简称	发行量（万股）	2018年营业收入（亿元）	2018年净利润（扣非前后归属净利孰低）（亿元）	拟选择的上市标准	证监会行业分类	主营业务/产品	亮点
72	诺康达	2052	1.85	0.78	第一套	研究和试验发展	药学研究等技术研发	2017年度中国医药研发公司二十强
73	金达莱	6900	7.14	2.13	第一套	生态保护和环境治理业	新型水污染处理技术装备	FMBR处理污水系统和传统系统相比，外排污泥少，能同步降解C、N、P，占地面积小，实现可无人值守。公司JDL技术能实现重金属高效回收
74	佰仁医疗	2400	1.11	0.48	第一套	专用设备制造业	动物源性植入医疗器械	国内技术领先；人工生物心脏瓣膜等5项产品为国内首个获准注册的同类产品，填补了国内空白
75	杭可科技	4100	11.09	2.76	第一套	专用设备制造业	锂离子电池生产线后处理系统	后处理设备产值占国内市场的比重超20%
76	嘉元科技	5780	11.53	1.74	第一套	计算机、通信和其他电子设备制造业	各类高性能电解铜箔	国内第二大锂电铜箔生产商

208

续表

序号	公司简称	发行量（万股）	2018年营业收入（亿元）	2018年净利润（扣非前后归属净利孰低）（亿元）	拟选择的上市标准	证监会行业分类	主营业务/产品	亮 点
77	西部超导	4420	10.88	0.98	第一套	有色金属冶炼及压延加工	高端钛合金材料、超导产品和高性能高温合金材料	我国新型飞机用钛合金材料的主要供应商之一，目前国内唯一实现低温超导线材商业化生产的企业
78	普门科技	4300	3.23	0.51	第一套	专用设备制造业	治疗与康复产品、体外诊断设备及配套试剂	创面光子治疗全球领先，填补了国内临床面光子治疗领域的市场空白
79	中国通号	219745	400.13	32.95	第四套	铁路、船舶、航空航天和其他运输设备制造业	轨道交通控制系统全产业链一体化服务	全球领先的轨道交通控制系统解决方案提供商
80	九号智能	704	42.48	−17.99	红筹上市第二套	计算机、通信和其他电子设备制造业	各类智能短程移动设备	智能代步设备领域的引领者和开拓者
81	映翰通	1311	2.76	0.45	第一套	计算机、通信和其他电子设备制造业	提供工业物联网通信（M2M）产品以及物联网（IoT）领域"云+端"整体解决方案	较早进入工业物联网产品领域，在行业内具有突出的市场竞争力

科创板投资一本通

续表

序号	公司简称	发行量（万股）	2018年营业收入（亿元）	2018年净利润（扣非前后归属净利孰低）（亿元）	拟选择的上市标准	证监会行业分类	主营业务/产品	亮点
82	久日新材	2781	10.05	1.76	第一套	化学原料及化学制品制造业	系列光引发剂	全国产量最大、品种最全的光引发剂生产供应商，光引发剂业务市场占有率约30%，在光固化领域具有全球影响力
83	万德斯	2125	4.93	0.74	第一套	生态保护和环境治理业	垃圾污染削减及修复业务、高难度废水处理业务等	国内专业化程度较高的环保高新技术企业之一，渗沥液处理领域领跑企业，填埋场修复领域领先企业
84	昊海生科	1780	15.58	3.76	第一套	医药制造业	眼科产品、整形美容与创面护理产品、骨科产品、防粘连及止血产品等	生物医用材料领先企业，多个产品全国份额居首，是国内第二大外用重组人表皮生长因子生产商；销售的人工晶状体产品数量约占中国市场30%的份额
85	浩欧博	1576	2.01	0.40	第一套	医药制造业	生物医药剂中的体外诊断	国内过敏原检测行业领军企业，是国内目前拥有过敏原检测试剂种类较多的领先厂商之一，四代检测技术行业领先

210

续表

序号	公司简称	发行量（万股）	2018年营业收入（亿元）	2018年净利润（扣非前后归属净利润低）（亿元）	拟选择的上市标准	证监会行业分类	主营业务/产品	亮　点
86	三达膜	8347	5.90	1.74	第一套	专用设备制造业	膜技术应用、水务投资运营	中国膜技术开发与应用领域的开拓者，也是我国最早将国外先进技术引入国内并进行大规模工业化应用的企业之一
87	长阳科技	7064	6.91	0.77	第一套	橡胶和塑料制品业	反射膜、背板基光学等多种高性能功能膜	核心产品反射膜的性能达到了国际领先水平，市场占有率位居全球第一，打破国外厂商垄断
88	神工股份	4000	2.83	1.07	第一套	非金属矿物制品业	大尺寸高纯度半导体级单晶硅材料	国内领先的半导体单晶硅材料供应商，已进入国际先进半导体材料产业链体系
89	致远互联	1925	5.78	0.63	第一套	软件和信息技术服务业	协同管理软件产品	国内协同管理软件行业领先的服务商
90	硕世生物	1466	2.31	0.56	第一套	医药制造业	体外诊断试剂、配套检测仪器等体外诊断产品	国内领先的体外诊断产品提供商，在分子诊断领域处于技术领先地位
91	贵州白山	750	10.52	0.49	第一套	互联网和相关服务	提供云分发、云安全及数据应用集成等相关云计算服务	国内领先的云计算服务提供商

续表

序号	公司简称	发行量（万股）	2018年营业收入（亿元）	2018年净利润（扣非前后归属净利孰低）（亿元）	拟选择的上市标准	证监会行业分类	主营业务/产品	亮点
92	博拉网络	3033	3.07	0.41	第一套	互联网和相关服务	技术开发服务和大数据应用服务	大数据应用解决方案提供商百强、国家商务部电子商务示范企业
93	卓越新能	3000	10.18	1.34	第一套	废弃资源综合利用业	以废油脂生产生物柴油及深加工产品	国内产销规模最大的生物柴油生产和废油脂处置企业
94	嘉必优	3000	2.86	0.67	第一套	食品制造业	多不饱和脂肪酸ARA、藻油DHA及SA、天然β-胡萝卜素等	国内ARA产业重要的开拓者和市场推动者、全球ARA产品主要的供应商之一
95	奥福环保	2000	2.48	0.43	第一套	专用设备制造业	蜂窝陶瓷技术的研发与应用	国内领先的大尺寸SCR载体和"压燃式发动机"型式供应商，打破国外厂商垄断
96	祥生医疗	2000	3.27	0.91	第一套	专用设备制造业	祥生医疗超声医学影像设备	人工智能技术与超声影像技术结合实践者，超声医学影像行业的领先者，全球超声医学影像制造商之一
97	硅产业	62007	10.10	-1.03	第四套	计算机、通信和其他电子设备制造业	半导体硅片	中国大陆规模最大的半导体硅片制造企业之一，中国大陆率先实现300毫米半导体硅片规模化销售的企业

续表

序号	公司简称	发行量（万股）	2018年营业收入（亿元）	2018年净利润（扣非前后归属净利孰低）（亿元）	拟选择的上市标准	证监会行业分类	主营业务/产品	亮　点
98	建龙微纳	1446	3.78	0.47	第一套	化学原料及化学制品制造业	无机非金属材料多孔晶体材料分子筛吸附剂相关产品	国内吸附类分子筛行业引领者之一，突破国际大型分子筛企业垄断
99	八亿时空	2412	3.94	1.14	第一套	计算机、通信和其他电子设备制造业	液晶显示材料	国内掌握TFT混合液晶核心技术、拥有自主知识产权并成功实现产业化的三家主要液晶材料企业之一
100	中国电器	5000	25.98	1.77	第一套	专用设备制造业	电器产品环境适应性基本规律与机理研究，包含质量智能装备、环保涂料及树脂三大业务领域	国内领先的家电智能工厂系统解决方案供应商，聚酯树脂年产量居国内前列

注1：优刻得选择同股不同权企业上市标准第二套，九号智能选择红筹企业上市标准第二套，其余均选择境内同股同权企业上市标准第一套至第五套。

注2：公司简称参考来源为上交所网站。

资料来源：公司公告、申万宏源研究。

中英文对照

英文名称/简称	英文/中文全称
ACC	Adaptive Cruise Control，自适应巡航控制系统
ADAS	Advanced Driving Assistant System，高级辅助驾驶系统
AFS	Adaptive Front-lighting System，自适应灯光控制系统
ALPD	Advanced Laser Phosphor Display，激光荧光粉显示技术
Amazon Web Services	亚马逊公司旗下云计算服务平台
APS	Automatic Parking System，自动泊车系统
CAR-T	Chimeric Antigen Receptor T-Cell Immunotherapy，抗 CD19 嵌合抗原受体（CAR）T 细胞疗法
CCD	Charge-coupled Device，电荷耦合元件，电荷耦合器件
CMOS	Complementary Metal Oxide Semiconductor，互补金属氧化物半导体
CNTs	Carbon Nanotube，碳纳米管
CPU	Central Processing Unit，中央处理器
CRISPR	Clustered Regularly Interspaced Short Palindromic Repeats，原核生物基因组内的一段重复序列
CRISPR/Cas9	Clustered Regularly Interspaced Short Palindromic Repeats-Cas9，基因编辑技术
crRNA	CRISPR-derived RNA，二元复合体改造为单链 RNA 嵌合体
CVD	Chemical Vapor Deposition，化学气相沉积
EEPROM	Electrically Erasable Programmable read only memory，带电可擦可编程只读存储器
FCW	Forward collision warning system，前向碰撞报警系统
FMBR	Facultative Membrane Bio-Reactor，兼氧膜生物反应器污水处理技术
GEOVIS	Geographic Visualisation Library，空天大承载与智能服务平台

续表

英文名称/简称	英文/中文全称
hATTR	Polyneuropathy of Hereditary Transthyretin-mediated Amyloidosis，遗传性甲状腺素蛋白淀粉样变性
IaaS	Infrastructure as a Service，基础设施即服务
LCD	Liquid Crystal Display，液晶显示器
LDWS	Lane Departure Warning System，车道偏离报警系统
LED	Light Emitting Diode，发光二极管
MEMS	Micro-Electro- Mechanical Systems，微机电系统
Micro-LED	Micro Light Emitting Diode，微型发光二极管
NCA	镍钴铝酸锂，由镍钴铝三种材料按一定比例组合而成的三元锂电池正极材料
NCM	镍钴锰酸锂，由镍钴锰三种材料按一定比例组合而成的三元锂电池正极材料
OLED	Organic Light-Emitting Diode，有机发光二极管
Onpattro（patisiran）	脂质复合物注射
PaaS	Platform as a Service，平台即服务
QKD	Quantum Key Distribution，量子密钥分发
Quantum Teleportation	量子隐形传态
REC.2020	色彩标准之一
RGB	Red Green Blue，一种颜色标准
RNAi	RNA interference，一种通过反义 RNA 与正链 RNA 形成双链 RNA，特异性地抑制基因转录表达的现象
SaaS	Software as a Service，软件即服务
sgRNA	small guide RNA，小向导 RNA
SPI	SPI Lasers，一家光纤激光器制造商
TSV	Through Silicon Vias，硅通孔
X86	微处理器执行的计算机语言指令集，一个 intel 通用计算机系列的标准编号缩写

215

后 记

本书的出版正值科创板建设有序推进、社会各界高度关注之际，我们的初衷是为资本市场各层次参与者提供一本专业严谨又通俗易懂的科创板投资工具书。同时，我们也希望通过对科创板的系统性介绍与分析，帮助投资者正确理解与把握我国资本市场的改革发展趋势。

正式撰写前，编写团队向相关投资者与券商投资顾问进行了书面问卷或口头采访，结合相关制度文件，搜集和梳理出大家对科创板普遍迫切关心的上百个问题，由申万宏源证券研究所从事新股研究 20 年的新股策略团队、A 股策略行业比较团队以及各行业研究团队精心编撰，其间经历数次修改、完善，最终成稿。我们力求精益求精，向投资者交出一份满意的答卷。

本书定稿之时，科创板的部分具体细则如竞价交易申报规则等尚未出台，因此我们整理提供了 A 股市场已有的相关历史经验和案例供投资者参考。同时本书更多侧重于科创板运行初期的制度和特征介绍分析。由于时间仓促，并且科创板制度和体系建设将不断完善，本书难免有所疏漏或存在有待更正之处，希望广大读者谅解并在投融资决策中辩证参阅。我们将持续跟踪科创板建设进程，发现变化，总结规律，及时为投资者提供全面深入的最新研究成果。编写团队也会根据科创板建设的进程并结合读者反馈，推出修订版或系列丛书。

对于本书使用的最新前沿技术、高新技术信息等，我们已详细标注信息来源并积极联系产权方沟通产权事宜，读者在阅读过程中有任何问题，欢迎联系申万宏源证券研究所，电话021-23297818。

本书从筹划、选题、汇编到最终定稿成册，得到了上海证券交易所、上海金融理财师协会的大力支持，得到了申万宏源集团股份有限公司原董事长李剑阁的关心帮助，得到了申万宏源集团股份有限公司与申万宏源证券有限公司董事长储晓明、申万宏源证券有限公司总裁助理陈晓升、张克均和申万宏源证券研究所所长郑治国等领导的直接指导；申万宏源证券和研究所相关领导和专家张磊、杨桂宝、杨正平、周海晨、王胜、刘晓宁、赵晓芸、桂浩明、曹慧文、薛莹、金泽斐、方波等参与了大量组织策划工作，执笔人员更是一丝不苟辛勤付出，在此表示衷心感谢！

本书主要编写人员：申万宏源新股策略组首席分析师林瑾、高级分析师彭文玉、分析师胡巧云，申万宏源行业比较组首席分析师林丽梅等。

本书参与编写人员：刘靖、闫天一、谈必成、熊超逸、沈衡、陈桢皓、顾晟、施鑫展、高晗、宁柯瑜等。

免责声明：本书内容并不代表申万宏源证券有限公司、上海申银万国证券研究所有限公司对有关问题的投资建议或法律意见，同时我们并不保证将会在载明日期之后继续对有关内容进行更新，我们不建议读者仅仅依赖于本书中的全部或部分内容而进行任何决策，因此造成的后果将由行为人自行负责。如果您需要投资建议或者其他专家意见，我们建议您向具有相关资格的专业人士寻求专业帮助。

上海申银万国证券研究所有限公司

二〇一九年四月三十日

图书在版编目(CIP)数据

科创板投资一本通/上海申银万国证券研究所有限
公司编. —上海：上海人民出版社,2019
ISBN 978-7-208-15850-4

Ⅰ.①科…　Ⅱ.①上…　Ⅲ.①股票投资-基本知识-
中国　Ⅳ.①F832.51

中国版本图书馆 CIP 数据核字(2019)第 085464 号

策　　　划　曹培雷　苏贻鸣
责任编辑　夏红梅
封面设计　一本好书

科创板投资一本通
上海申银万国证券研究所有限公司　编

出　　　版　上海人民出版社
　　　　　　(200001　上海福建中路 193 号)
发　　　行　上海人民出版社发行中心
印　　　刷　启东市人民印刷有限公司
开　　　本　850×1168　1/32
印　　　张　7.25
插　　　页　2
字　　　数　151,000
版　　　次　2019 年 6 月第 1 版
印　　　次　2019 年 6 月第 1 次印刷
ISBN 978-7-208-15850-4/F·2587
定　　　价　49.80 元